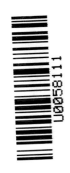

數位社會性溝通課程：提升說話技巧的 43 堂課

溝通密技小書

張正芬、李秀真、林迺超、鄭津妃、
顏瑞隆、張雯婷、黃雅君　著

作者簡介

張正芬

學歷：日本國立筑波大學教育研究所碩士

現職：國立臺灣師範大學特殊教育學系退休教授，兼任教授

李秀真

學歷：國立臺灣師範大學特殊教育學系碩士

現職：臺北市螢橋國中特教教師

林迺超

學歷：國立臺灣師範大學特殊教育學系博士

現職：臺北市劍潭國小特教教師

國立臺灣師範大學特殊教育學系兼任助理教授

鄭津妃

學歷：國立臺灣師範大學特殊教育學系博士

現職：臺北市立大學附小特教教師

臺北市北區特殊教育資源中心鑑定支援教師

顏瑞隆

學歷：國立臺灣師範大學特殊教育學系博士

現職：臺北市西區特殊教育資源中心主任

張雯婷

學歷：國立臺灣師範大學特殊教育學系學士

美國州立華盛頓大學特殊教育研究所碩士

現職：臺北市雙園國中教務主任

黃雅君

學歷：國立臺灣師範大學特殊教育學系碩士

現職：臺北市新興國中特教教師

什麼叫
開啟說話？

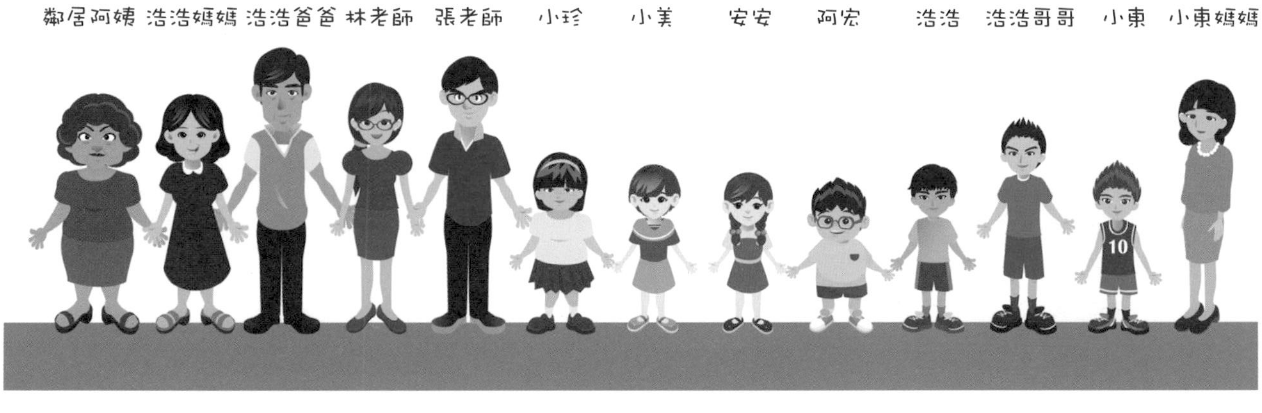
鄰居阿姨
浩浩媽媽
浩浩爸爸
林老師
張老師
小珍
小美
安安
阿宏
浩浩
浩浩哥哥
小東
小東媽媽

「開啟說話」讀者使用說明

Step 1 先看開啟說話的判斷線索、應用策略介紹及動畫圖說內容，想想平時自己說話時，是否有注意判斷線索、自動地應用相關策略。

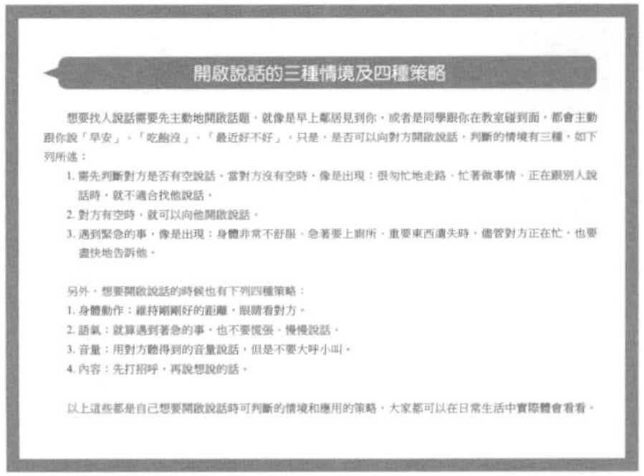

開啟說話的三種情境及四種策略

想要找人說話需要先主動地開啟話題，就像是早上鄰居見到你，或者是同學跟你在教室碰到面，都會主動跟你說「早安」、「吃飽沒」、「最近好不好」。只是，是否可以向對方開啟說話，判斷的情境有三種，如下列所述：

1. 需先判斷對方是否有空說話。當對方沒有空時，像是出現：很匆忙地走路、忙著做事情、正在跟別人說話時，就不適合找他說話。
2. 對方有空時，就可以向他開啟說話。
3. 遇到緊急的事，像是出現：身體非常不舒服、急著要上廁所、重要東西遺失時，儘管對方正在忙，也要盡快地告訴他。

另外，想要開啟說話的時候也有下列四種策略：

1. 身體動作：維持剛剛好的距離，眼睛看對方。
2. 語氣：就算遇到著急的事，也不要慌張，慢慢說話。
3. 音量：用對方聽得到的音量說話，但是不要大呼小叫。
4. 內容：先打招呼，再說想說的話。

以上這些都是自己想要開啟說話時可判斷的情境和應用的策略，大家都可以在日常生活中實際體會看看。

Step 2 看動畫人物簡介，瞭解動畫中人物之間的關係。

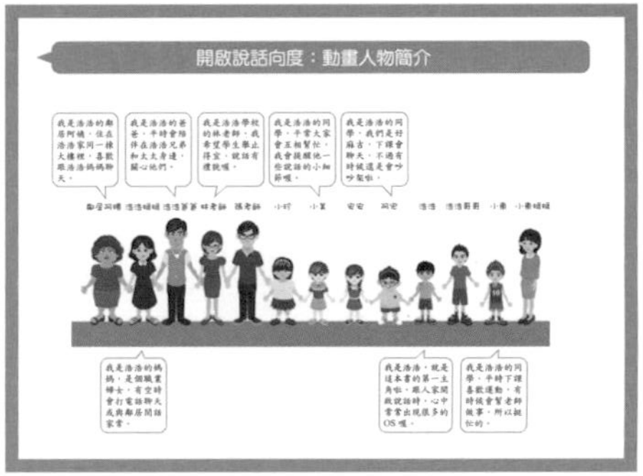

Step 3 看開啟說話的課程單元介紹，可以快速瞭解各單元的難度、角色及規則，並可快速選取適合或是想要學習的難度／規則的單元。

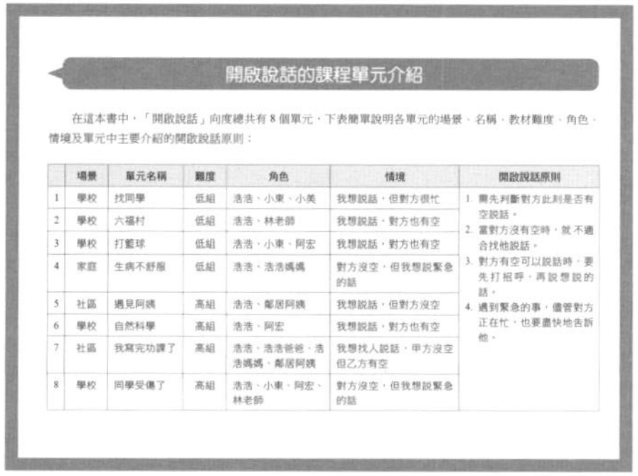

開啟說話的課程單元介紹

在這本書中，「開啟說話」向度總共有 8 個單元，下表簡單說明各單元的場景、名稱、教材難度、角色、情境及單元中主要介紹的開啟說話原則：

	場景	單元名稱	難度	角色	情境	開啟說話原則
1	學校	找同學	低組	浩浩、小東、小美	我想說話，但對方很忙	1. 需先判斷對方此刻是否有空說話。 2. 當對方沒有空時，就不適合找他說話。 3. 對方有空可以說話時，要先打招呼，再說想說的話。 4. 遇到緊急的事，儘管對方正在忙，也要盡快地告訴他。
2	學校	六福村	低組	浩浩、林老師	我想說話，對方也有空	
3	學校	打籃球	低組	浩浩、小東、阿宏	我想說話，對方也有空	
4	家庭	生病不舒服	低組	浩浩、浩浩媽媽	對方沒空，但我想說緊急的話	
5	社區	遇見阿姨	高組	浩浩、鄰居阿姨	我想說話，但對方沒空	
6	學校	自然科學	高組	浩浩、阿宏	我想說話，對方也有空	
7	社區	我寫完功課了	高組	浩浩、浩浩爸爸、浩浩媽媽、鄰居阿姨	我想找人說話，甲方沒空但乙方有空	
8	學校	同學受傷了	高組	浩浩、小東、阿宏、林老師	對方沒空，但我想說緊急的話	

Step 4 請配合老師所播放的動畫和 **PPT**，搭配本小書作業單進行討論與練習。

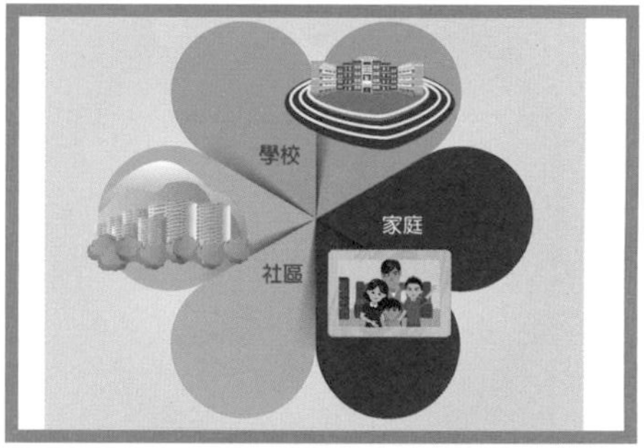

開啟說話作業單 1（找同學）

1. 你覺得自己完全瞭解動畫內容嗎？□○　□×
2. 你有沒有類似的經驗？□有　□沒有
3. 看完動畫你選擇的行為是哪一個呢？
   □行為一　□行為二　□行為三
4. 動畫中，
   - 小東走路速度如何？＿＿＿＿
   - 他手上抱著什麼？＿＿＿＿
   - 他有沒有看到浩浩？□有　□沒有
     - 小東可能要去做什麼事？＿＿＿＿
     - 所以，你覺得小東有沒有空？□有空 □沒有空
     - 浩浩可以找他聊天嗎？□可以　□不可以
5. 「行為一」中，
   - 為什麼浩浩叫著小東，小東都沒理會？
     □他很忙，沒空　□他不喜歡浩浩
6. 「行為二」中，
   - 為什麼浩浩只看著小東，不去找他？
     □他想與小美說話
     □他覺得小東很忙、很急
7. 「行為三」中，
   - 浩浩跑去向小東揮揮手，一直追著他，這樣合適嗎？□合適　□不合適
     為什麼？＿＿＿＿

開啟說話的三種情境及四種策略

想要找人說話需要先主動地開啟話題，就像是早上鄰居見到你，或者是同學跟你在教室碰到面，都會主動跟你說「早安」、「吃飽沒」、「最近好不好」。只是，是否可以向對方開啟說話，判斷的情境有三種，如下列所述：

1. 需先判斷對方是否有空說話。當對方沒有空時，像是出現：很匆忙地走路、忙著做事情、正在跟別人說話時，就不適合找他說話。
2. 對方有空時，就可以向他開啟說話。
3. 遇到緊急的事，像是出現：身體非常不舒服、急著要上廁所、重要東西遺失時，儘管對方正在忙、沒有空，也要盡快地告訴他。

另外，想要開啟說話的時候也有下列四種策略：

1. 身體動作：維持剛剛好的距離，眼睛看對方。
2. 語氣：就算遇到著急的事，也不要慌張、慢慢說話。
3. 音量：用對方聽得到的音量說話，但是不要大呼小叫。
4. 內容：先打招呼，再說想說的話。

以上這些都是自己想要開啟說話時可判斷的情境和應用的策略，大家都可以在日常生活中實際體會看看。

①阿宏，你知道想要找人說話，需要先判斷一下嗎？
②是喔，判斷什麼？

①就是需要先判斷對方是否有空說話。判斷的情境有三種，第一種是：當對方沒有空時，就不適合找他說話。
②喔，對方沒空時，就像是：對方匆匆忙忙地走路、忙著做事情、正在跟別人說話……。

①沒錯，像是在「找同學」的單元中，小東快步走路、手上抱著東西，感覺上就是有事要忙，這就是「對方沒有空」的線索！
②我懂了，小東有事要忙，根本沒有注意到浩浩，這就是線索。

①另外，在「遇見阿姨」的單元中，因為鄰居阿姨騎車速度很快，也沒有看到浩浩，表示她沒空喔！
②對，這就是鄰居阿姨沒空、不能找她說話的線索。

①那第二種是什麼？
②開啟說話的第二種判斷情境，就是當對方有空時，就可以向他開啟說話。像是「六福村」、「打籃球」、「自然科學」單元，當對方眼睛看著你，或者他很輕鬆地散步時，就是有空的線索。

①那我該怎麼開啟說話，
才比較有禮貌呢？
②這問題問得太好啦！想要開啟有禮貌的說話，
有四種策略：
(1)身體動作：維持剛剛好的距離，眼睛看對方。
(2)語氣：平靜地慢慢說話。

①還有另外
兩種策略？
②另外第三種和第四種策略就是：
(3) 音量：用對方聽得到的音量說話。
(4) 內容：先打招呼，再說想說的話。

①我學到了！那麼，最後一種判斷情境是什麼？
②第三種就是當遇到緊急的事，儘管對方正在忙、沒有空，也要盡快地告訴他。

①我知道！像是身體非常不舒服、急著要上廁所，或重要東西遺失時，就是緊急時刻。
②沒錯！像是「生病不舒服」單元，浩浩肚子很痛，雖然媽媽正在講電話，他也應該立刻告訴媽媽。

①阿宏，雖然要說的是緊急的事情……
②我知道！但也是要有禮貌地開啟說話：注意身體動作、語氣、音量，然後先打招呼，再說緊急的話。
③完全正確，阿宏真厲害！呵呵！

開啟說話向度：動畫人物簡介

我是浩浩的鄰居阿姨，住在浩浩家同一棟大樓裡，喜歡跟浩浩媽媽聊天。
我是浩浩的爸爸，平時會陪伴在浩浩兄弟和太太身邊，關心他們。
我是浩浩學校的林老師，我希望學生舉止得宜、說話有禮貌喔。
我是浩浩的同學，平常大家會互相幫忙，我會提醒他一些說話的小細節喔。
我是浩浩的同學，我們是好麻吉，下課會聊天，不過有時候還是會吵吵架啦。
鄰居阿姨
浩浩媽媽
浩浩爸爸
林老師
張老師
小玲
小美
安安
阿宏
浩浩
浩浩哥哥
小東
小東媽媽
我是浩浩的媽媽，是個職業婦女，有空時會打電話聊天或與鄰居閒話家常。
我是浩浩，就是這本書的第一主角啦，跟人家開啟說話時，心中常常出現很多的OS喔。
我是浩浩的同學，平時下課喜歡運動，有時候會幫老師做事，所以挺忙的。

開啟說話的課程單元介紹

在這本書中，「開啟說話」向度總共有 8 個單元，下表簡單說明各單元的場景、名稱、教材難度、角色、情境及單元中主要介紹的開啟說話原則：

	場景	單元名稱	難度	角色	情境	開啟說話原則
1	學校	找同學	低組	浩浩、小東、小美	我想說話，但對方很忙	1. 需先判斷對方此刻是否有空說話。 2. 當對方沒有空時，就不適合找他說話。 3. 對方有空可以說話時，要先打招呼，再說想說的話。 4. 遇到緊急的事，儘管對方正在忙，也要盡快地告訴他。
2	學校	六福村	低組	浩浩、林老師	我想說話，對方也有空	
3	學校	打籃球	低組	浩浩、小東、阿宏	我想說話，對方也有空	
4	家庭	生病不舒服	低組	浩浩、浩浩媽媽	對方沒空，但我想說緊急的話	
5	社區	遇見阿姨	高組	浩浩、鄰居阿姨	我想說話，但對方沒空	
6	學校	自然科學	高組	浩浩、阿宏	我想說話，對方也有空	
7	社區	我寫完功課了	高組	浩浩、浩浩爸爸、浩浩媽媽、鄰居阿姨	我想找人說話，甲方沒空但乙方有空	
8	學校	同學受傷了	高組	浩浩、小東、阿宏、林老師	對方沒空，但我想說緊急的話	

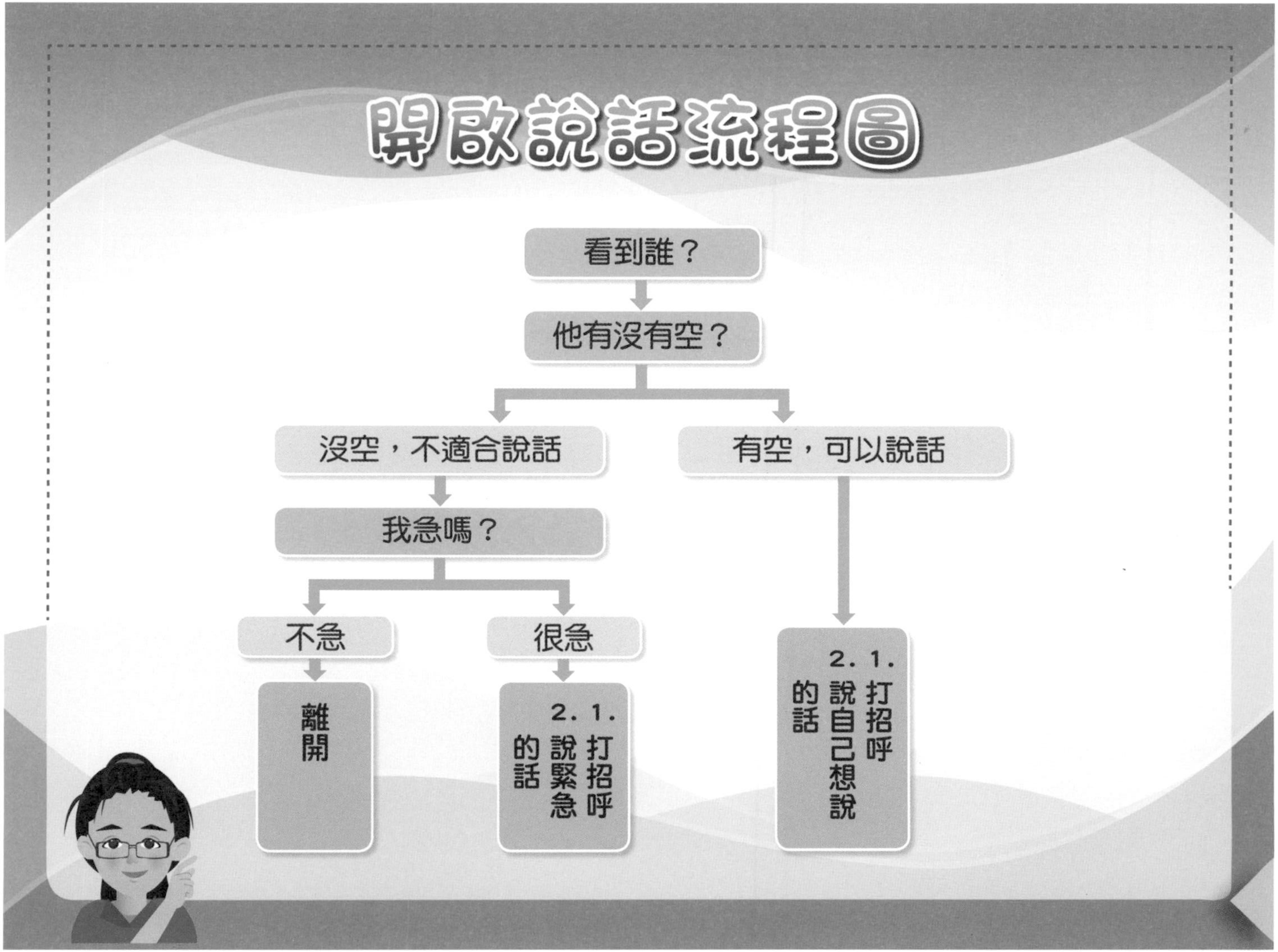
開啟說話流程圖
看到誰？
他有沒有空？
沒空，不適合說話
有空，可以說話
我急嗎？
不急
很急
離開
1. 打招呼
2. 說緊急的話
1. 打招呼
2. 說自己想說的話

開啟說話作業單 1（找同學）

1. 你覺得自己完全瞭解動畫內容嗎？□○　□×
2. 你有沒有類似的經驗？□有　□沒有
3. 看完動畫你選擇的行為是哪一個呢？
   □行為一　□行為二　□行為三
4. 動畫中，
   - 小東走路速度如何？______
   - 他手上抱著什麼？______
   - 他有沒有看到浩浩？□有　□沒有
     - 小東可能要去做什麼事？______
     - 所以，你覺得小東有沒有空？□有空 □沒有空
     - 浩浩可以找他聊天嗎？□可以 □不可以
5. 「行為一」中，
   - 為什麼浩浩叫著小東，小東都沒理會？
     □他很忙，沒空　□他不喜歡浩浩
6. 「行為二」中，
   - 為什麼浩浩只看著小東，不去找他？
     □他想與小美說話
     □他覺得小東很忙、很急
7. 「行為三」中，
   - 浩浩跑去向小東揮揮手、一直追著他，這樣合適嗎？□合適　□不合適
     為什麼？______

開啟說話作業單 2（六福村）

1. 你覺得自己完全瞭解動畫內容嗎？□○　□×
2. 你有沒有類似的經驗？□有　□沒有
3. 看完動畫你選擇的行為是哪一個呢？
   □行為一　□行為二　□行為三
4. 動畫中，
   - 當浩浩去找老師時，應該要先說什麼？
     □打招呼　□說想說的話
5. 「行為一」中，
   - 浩浩有先打招呼嗎？□有　□沒有
   - 沒有先打招呼，老師會覺得如何？（複選）
     □浩浩沒有禮貌　□不知道有人在跟她說話
6. 「行為二」中，
   - 浩浩朝著老師的方向走，老師有沒有看見他？
     □有　□沒有
   - 老師看見浩浩，但他卻直接走掉，老師會覺得如何？
     □浩浩是好孩子　□浩浩沒禮貌
7. 「行為三」中，
   - 浩浩主動對老師的說話方式，老師喜歡嗎？
     □喜歡　□不喜歡
     為什麼？＿＿＿＿＿＿＿＿＿＿

開啟說話作業單 3（打籃球）

1. 你覺得自己完全瞭解動畫內容嗎？□○　□×
2. 你有沒有類似的經驗？□有　□沒有
3. 看完動畫你選擇的行為是哪一個呢？

   □行為一　□行為二　□行為三
4. 動畫中，
   - 當浩浩去找同學時，應該要先做什麼？

     □拿別人的東西　□叫綽號　□有禮貌地說話
5. 「行為一」中，
   - 浩浩拿球之前，有沒有先開口說話？

     □有　□沒有
   - 沒有先說話，就把阿宏的球搶走，阿宏會覺得如何？（複選）

     □浩浩沒禮貌　□嚇一跳　□很生氣
6. 「行為二」中，
   - 浩浩主動對同學說話，同學們有開心嗎？

     □開心　□不開心
   - 當浩浩亂叫阿宏的綽號，阿宏覺得如何？

     □浩浩很沒禮貌　□浩浩很可愛
7. 「行為三」中，
   - 浩浩主動對同學的說話方式，同學喜歡嗎？

     □喜歡　□不喜歡

     為什麼？

     □浩浩有用好口氣說話　□浩浩很帥

開啟說話作業單 4（生病不舒服）

1. 你覺得自己完全瞭解動畫內容嗎？□○　□×
2. 你有沒有類似的經驗？□有　□沒有
3. 看完動畫你選擇的行為是哪一個呢？
   □行為一　□行為二　□行為三
4. 動畫中，
   - 浩浩看電視時，突然怎麼了？
     □很不舒服　□很生氣　□很緊張
     你為什麼這樣認為？__________
   - 浩浩肚子痛的時候，媽媽正在做什麼？
     □忙著工作　□打電話聊天　□無聊沒事做
   - 媽媽有發現浩浩肚子痛嗎？□有　□沒有
   - 浩浩肚子很痛，他應該怎麼去告訴正在講電話的媽媽？__________
5. 「行為一」中，
   - 你覺得浩浩說話的方式適當嗎？
     □適當　□不適當
     你為什麼這樣認為？__________
6. 「行為二」中，
   - 浩浩一直在等媽媽講完電話，你覺得適當嗎？
     □適當　□不適當
   - 等了很久以後，媽媽終於講完了嗎？
     □還沒　□說完了
     你覺得這樣會有什麼結果？__________
7. 「行為三」中，
   - 浩浩對媽媽大聲說：「妳到底講完了沒呀？我肚子快痛死了啦！」你覺得合適嗎？
     □合適　□不合適
   - 你覺得媽媽會有什麼感受？
     □生氣不開心　□高興喜悅　□沒有感覺
     你怎麼知道的？__________

開啟說話作業單 5（遇見阿姨）

1. 你覺得自己完全瞭解動畫內容嗎？□○　□×
2. 你有沒有類似的經驗？□有　□沒有
3. 看完動畫你選擇的行為是哪一個呢？
   □行為一　□行為二　□行為三
4. 動畫中，鄰居阿姨騎車的速度如何？＿＿＿＿＿
   - 她有沒有看見浩浩？
     □有　□沒有
   - 所以，你覺得鄰居阿姨有沒有空？
     □有空　□沒空
   - 浩浩適合找她說話嗎？
     □適合　□不適合
5. 「行為一」中，
   - 為什麼浩浩去追著鄰居阿姨說話，阿姨都沒理會？（複選）
     □鄰居阿姨沒空　□忙著騎車沒聽到
     □沒有注意到浩浩
   - 浩浩說的話是緊急事件，非說不可嗎？
     □是　□不是
6. 「行為二」中，
   - 浩浩對著鄰居阿姨大叫「ㄟ……ㄟ……ㄟ」，你覺得適當嗎？□適當　□不適當
   - 鄰居阿姨走後，浩浩說「都不理人的喔，真—沒—禮—貌」，你覺得如何？
     □阿姨沒空，不是不理人
     □是浩浩誤解別人
     □以上皆是
7. 「行為三」中，
   - 浩浩看著鄰居阿姨騎車走掉，自己就轉身離開，你覺得適當嗎？□適當　□不適當
     為什麼？＿＿＿＿＿＿＿＿

開啟說話作業單 6（自然科學）

1. 你覺得自己完全瞭解動畫內容嗎？□○　□×
2. 你有沒有類似的經驗？□有　□沒有
3. 看完動畫你選擇的行為是哪一個呢？
   □行為一　□行為二　□行為三
4. 動畫中，
   - 當浩浩去找同學時，應該要先說什麼？
     □打招呼　□叫綽號　□說想說的話
5. 「行為一」中，
   - 浩浩有打招呼嗎？□有　□沒有
   - 沒有先打招呼就說想說的話，阿宏會覺得如何？（複選）
     □沒有禮貌　□突然嚇一跳　□覺得莫名其妙
     □不會注意說話的內容
6. 「行為二」中，
   - 浩浩主動對阿宏說話，阿宏有開心嗎？
     □開心　□不開心
   - 當浩浩亂叫阿宏的綽號，阿宏覺得如何？
     □浩浩很沒禮貌　□浩浩真幽默
     □浩浩很可愛
     為什麼？
     □阿宏想要安靜　□浩浩說錯話了
7. 「行為三」中，
   - 浩浩主動對阿宏的說話方式，阿宏喜歡嗎？
     □喜歡　□不喜歡
     為什麼？＿＿＿＿＿＿＿＿

開啟說話作業單 7（我寫完功課了）

1. 你覺得自己完全瞭解動畫內容嗎？□○　□×
2. 你有沒有類似的經驗？□有　□沒有
3. 看完動畫你選擇的行為是哪一個呢？
   □行為一　□行為二　□行為三
4. 動畫中，
   - 當浩浩想要找大人時，爸爸、媽媽、鄰居阿姨，哪一位比較合適？
     □爸爸　□媽媽　□鄰居阿姨
     為什麼＿＿＿＿＿＿＿＿＿＿
5. 「行為一」中，
   - 媽媽一直在講話，她有沒有空？
     □有　□沒有
   - 爸爸在旁邊很安靜，他有沒有空？
     □有　□沒有
   - 所以，浩浩有沒有選對人說話？
     □有　□沒有
6. 「行為二」中，
   - 浩浩選擇找爸爸說話，爸爸的表情如何呢？
     □高興　□不太高興
     為什麼？（複選）
     □浩浩很幽默　□浩浩做怪動作、怪表情
     □爸爸不懂浩浩要說什麼
7. 「行為三」中，
   - 浩浩對媽媽說：「我功課做完了，……」媽媽開心嗎？□開心　□不開心
     為什麼？（複選）
     □浩浩數學很不好　□他打斷媽媽的聊天
     □他插嘴

開啟說話作業單 8（同學受傷了）

1. 你覺得自己完全瞭解動畫內容嗎？□○　□×
2. 你有沒有類似的經驗？□有　□沒有
3. 看完動畫你選擇的行為是哪一個呢？
   □行為一　□行為二　□行為三
4. 動畫中，
   - 浩浩看到阿宏摔倒受傷，又聽到小東說話的語氣，他心情如何？
     □高興　□難過　□生氣　□緊張
     你為什麼這樣認為？＿＿＿＿＿＿
   - 後來浩浩去找老師，老師當時的情形如何？
     □忙碌中　□清閒　□無聊　□聊天
     你為什麼這樣認為？＿＿＿＿＿＿
5. 「行為一」中，
   - 浩浩與老師距離這麼遠地大喊：「阿宏他受傷了、阿宏他受傷了、阿宏他受傷了」，你覺得適當嗎？
     □適當　□不適當
   - 你覺得老師有什麼感受？
     □覺得很吵不太開心　□覺得沒必要這麼大聲
     □以上皆是
6. 「行為二」中，
   - 浩浩說完話後，老師跟他道謝。浩浩是用什麼方式表達的？
     身體動作：＿＿＿＿＿＿
     音量：＿＿＿＿＿＿　語氣：＿＿＿＿＿＿
     內容：＿＿＿＿＿＿
7. 「行為三」中，
   - 浩浩一直在門口等老師忙完才向她說，你覺得合適嗎？
     □合適　□不合適
   - 為什麼老師後來不高興地說：「拜託喔，你怎麼現在才講啊？」＿＿＿＿＿＿
   - 阿宏受傷的事，浩浩應該怎麼去告訴正在工作的老師？＿＿＿＿＿＿

什麼叫
輪流說話？

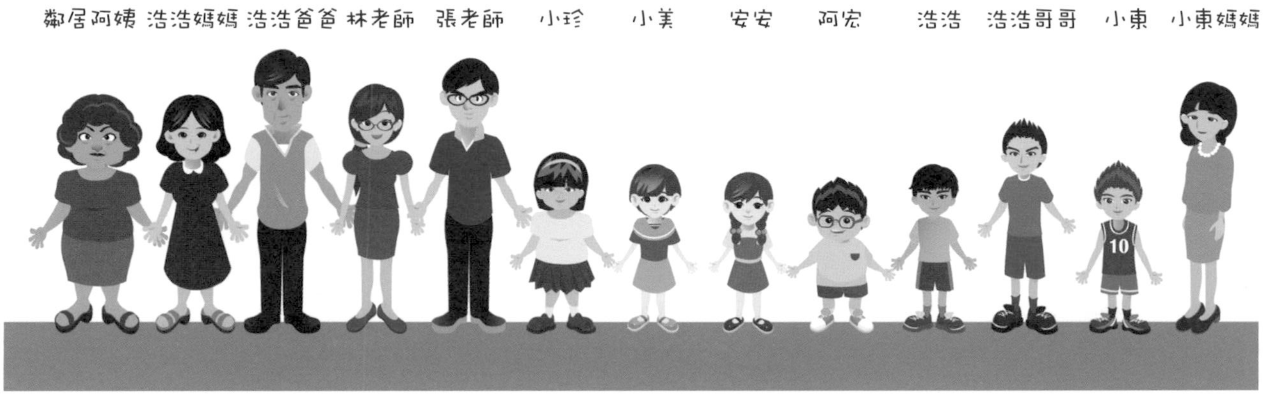
鄰居阿姨
浩浩媽媽
浩浩爸爸
林老師
張老師
小珍
小美
安安
阿宏
浩浩
浩浩哥哥
小東
小東媽媽

「輪流說話」讀者使用說明

Step 1 先看輪流説話的三大規則、判斷線索介紹及動畫圖説內容，想想平時自己説話時，是否有遵循這樣的三大規則及注意輪流的判斷線索。

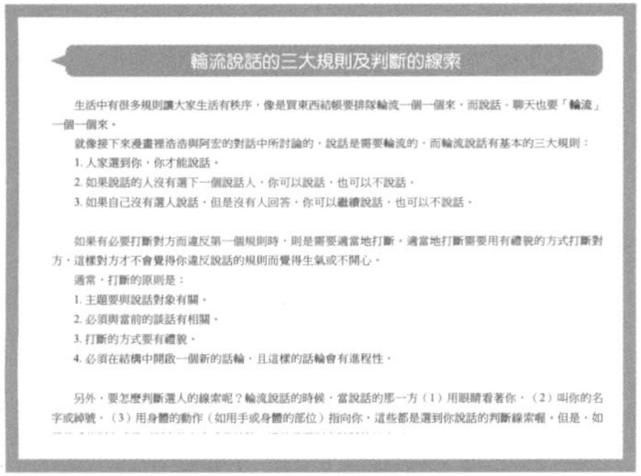

輪流說話的三大規則及判斷的線索

生活中有很多規則讓大家生活有秩序，像是買東西結帳要排隊輪流一個一個來，而說話、聊天也要「**輪流**」一個一個來。

就像接下來漫畫裡浩浩與阿宏的對話中所討論的，說話是需要輪流的，而輪流說話有基本的三大規則：

1. 人家選到你，你才能說話。
2. 如果說話的人沒有選下一個說話人，你可以說話，也可以不說話。
3. 如果自己沒有選人說話，但是沒有人回答，你可以繼續說話，也可以不說話。

如果有必要打斷對方而違反第一個規則時，則是需要適當地打斷。適當地打斷需要用有禮貌的方式打斷對方，這樣對方才不會覺得你違反說話的規則而覺得生氣或不開心。

通常，打斷的原則是：

1. 主題要與說話對象有關。
2. 必須與當前的談話有相關。
3. 打斷的方式要有禮貌。
4. 必須在結構中開啟一個新的話輪，且這樣的話輪會有進程性。

另外，要怎麼判斷選人的線索呢？輪流說話的時候，當說話的那一方（1）用眼睛看著你，（2）叫你的名字或綽號，（3）用身體的動作（如用手或身體的部位）指向你，這些都是選到你說話的判斷線索喔。但是，如

Step 2 看動畫人物簡介，瞭解動畫中人物之間的關係。

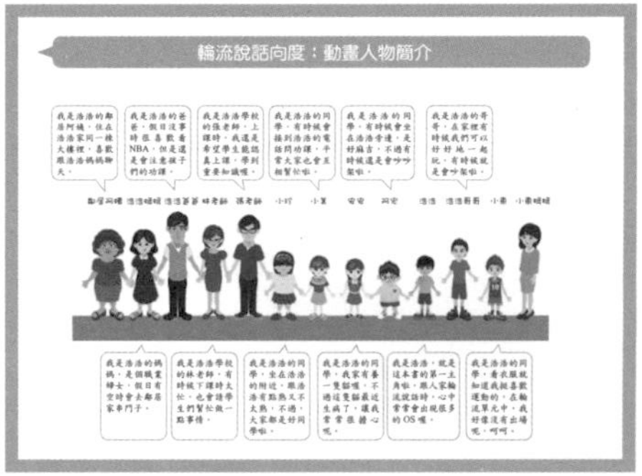

Step 3 看輪流說話的課程單元介紹，可以快速瞭解各單元的難度、角色及規則，並可快速選取適合或是想要學習的難度／規則的單元。

輪流說話的課程單元介紹

在這本書中，「輪流說話」向度總共有 13 個單元，下表簡單說明各單元的場景、名稱、教材難度、角色及單元中主要介紹的輪流說話規則：

	場景	單元名稱	難度	角色	規則
1	學校	白日夢	低組	浩浩、安安、小珍、張老師	規則一
2	學校	數學問題	低組	浩浩、小美、張老師	規則一
3	學校	有獎徵答	低組	浩浩、安安、小珍、張老師	規則一
4	社區	老師要結婚了	低組	浩浩、鄰居阿姨、浩浩媽媽	規則一（打斷）
5	學校	園遊會討論	低組	浩浩、阿宏、小美、小東	規則一（打斷）
6	學校	老師的暗示	低組	浩浩、安安、林老師	規則二
7	學校	還有多久上課	低組	浩浩、阿宏、安安、小珍	規則三
8	家庭	我不想看新聞	低組	浩浩、浩浩哥哥、浩浩爸爸	規則一／規則三
9	學校	破關密技	高組	浩浩、安安、小珍、林老師	規則一
10	學校	同學哭了	高組	浩浩、小美、安安	規則二
11	家庭	一百分	高組	浩浩、浩浩哥哥、浩浩爸爸	規則二
12	學校	冷笑話	高組	浩浩、小美、阿宏、張老師	規則三
13	學校	童軍課	高組	浩浩、阿宏、小珍、張老師	規則三

Step 4 請配合老師所播放的動畫和 PPT，搭配本小書作業單進行討論與練習。

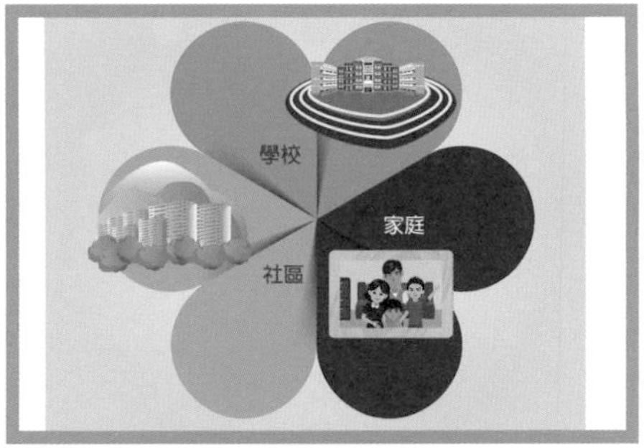

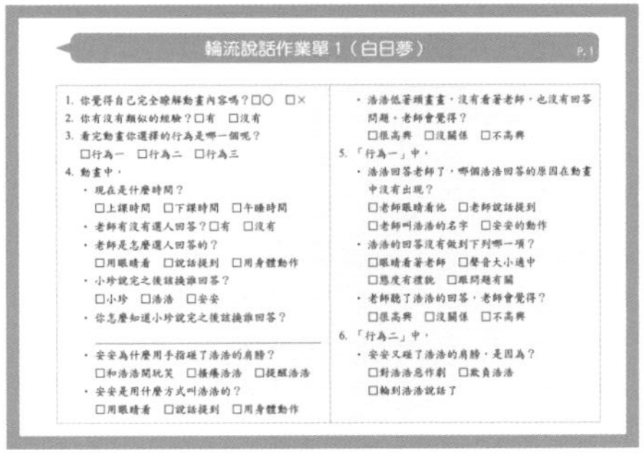

輪流說話作業單 1（白日夢） P. 1

1. 你覺得自己完全瞭解動畫內容嗎？□○ □×
2. 你有沒有類似的經驗？□有 □沒有
3. 看完動畫你選擇的行為是哪一個呢？
 □行為一 □行為二 □行為三
4. 動畫中，
 - 現在是什麼時間？
 □上課時間 □下課時間 □午睡時間
 - 老師有沒有選人回答？□有 □沒有
 - 老師是怎麼選人回答的？
 □用眼睛看 □說話提到 □用身體動作
 - 小珍說完之後該換誰回答？
 □小珍 □浩浩 □安安
 - 你怎麼知道小珍說完之後該換誰回答？

 ____
 - 安安為什麼用手指碰了浩浩的肩膀？
 □和浩浩開玩笑 □搔癢浩浩 □提醒浩浩
 - 安安是用什麼方式叫浩浩的？
 □用眼睛看 □說話提到 □用身體動作
 - 浩浩低著頭畫畫，沒有看著老師，也沒有回答問題，老師會覺得？
 □很高興 □沒關係 □不高興
5. 「行為一」中，
 - 浩浩回答老師了，哪個浩浩回答的原因在動畫中沒有出現？
 □老師眼睛看他 □老師說話提到
 □老師叫浩浩的名字 □安安的動作
 - 浩浩的回答沒有做到下列哪一項？
 □眼睛看著老師 □聲音大小適中
 □態度有禮貌 □跟問題有關
 - 老師聽了浩浩的回答，老師會覺得？
 □很高興 □沒關係 □不高興
6. 「行為二」中，
 - 安安又碰了浩浩的肩膀，是因為？
 □對浩浩惡作劇 □欺負浩浩
 □輪到浩浩說話了

輪流說話的三大規則及判斷的線索

生活中有很多規則讓大家生活有秩序，像是買東西結帳要排隊輪流一個一個來，而說話、聊天也要「**輪流**」一個一個來。

就像接下來動畫圖裡浩浩與阿宏的對話中所討論的，說話是需要輪流的，而輪流說話有基本的三大規則：

1. 人家選到你，你才能說話。
2. 如果說話的人沒有選下一個說話人，你可以說話，也可以不說話。
3. 如果自己沒有選人說話，但是沒有人回答，你可以繼續說話，也可以不說話。

如果有必要打斷別人而違反第一個規則時，則是需要適當地打斷。適當地打斷需要用有禮貌的方式，這樣對方才不會覺得你違反說話的規則而覺得生氣或不開心。打斷的原則是：

1. 主題要與說話對象有關。
2. 必須與當前的主題談話有相關。
3. 打斷的方式要有禮貌。
4. 必須在結構中開啟一個新的話輪，且這樣的話輪會有進程性。

另外，要怎麼判斷選人的線索呢？輪流說話的時候，當說話的那一方（1）用眼睛看著你，（2）叫你的名字或綽號，（3）用身體的動作（如用手或身體的部位）指向你，這些都是選到你說話的判斷線索喔。但是，如果是看著別人或是叫別人的名字或綽號，這就是選別人說話的線索了。

①阿宏，你知
道什麼叫做輪
流說話嗎？
②輪流
說話？

①就是說話也要像平常排隊玩玩具、借書或是買東西一樣輪流呢。而且啊，輪流有三種規則喔！
②哪三種規則？

①像是在「數學問題」的單元中，張老師直接點名小美的名字問問題，這就是規則一：人家選到你，你才能說話！
②喔，是規則一。
整
潔
值日生

①什麼叫做人家選到你啊？
②就是輪流說話的時候，當說話的那一方可能是用眼睛看著你、叫你的名字或綽號或是用身體的動作（如用手或身體的部位）指向你，這些都是選到你說話的判斷線索喔！

①另外，在「老師要結婚了」的單元中，媽媽跟鄰居阿姨正在說話，所以浩浩用一種有禮貌的方式打斷媽媽，這就是規則一的「打斷」：人家選到你，你才能回應。但是，如果沒有選到你，你想要說話，就需要適當地打斷。
②喔，是規則一的「打斷」。

①打斷人家說話很沒禮貌吧？
②有時候會碰到不得已需要打斷對方說話的狀況，所以就要注意打斷的方式，像是要先想一下現在的人事時地物適不適合打斷，然後打斷時要注意自己的眼神、聲音、態度及打斷內容有沒有禮貌，這樣對方就不會覺得不舒服了。

①另外，在「同學哭了」的單元中，安安沒有選人說話，浩浩可以說話也可以不說話，這就是規則二：如果說話的人沒有選下一個說話人，你可以說話，也可以不說話！
②喔，是規則二。

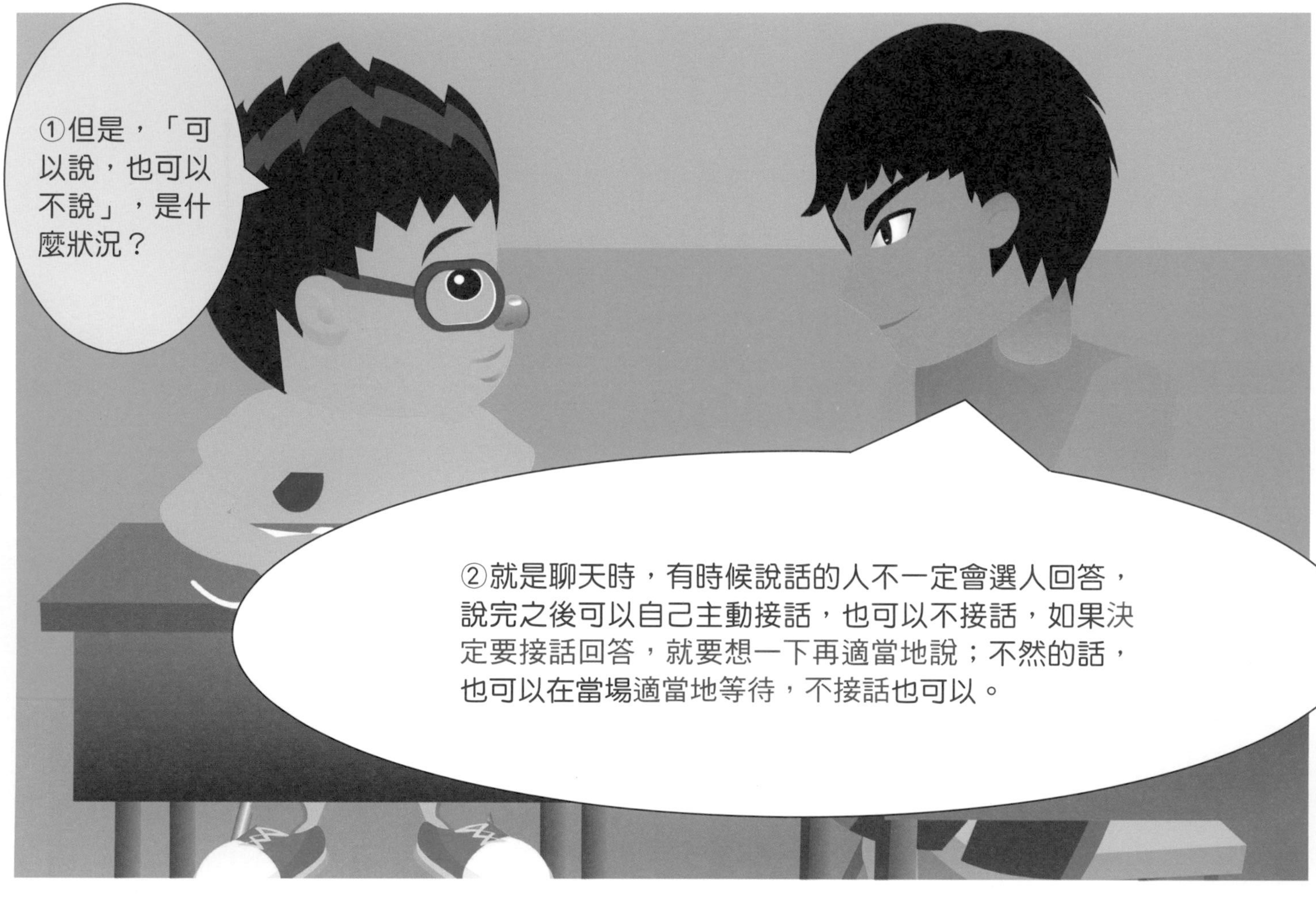
①但是，「可以說，也可以不說」，是什麼狀況？
②就是聊天時，有時候說話的人不一定會選人回答，說完之後可以自己主動接話，也可以不接話，如果決定要接話回答，就要想一下再適當地說；不然的話，也可以在當場適當地等待，不接話也可以。

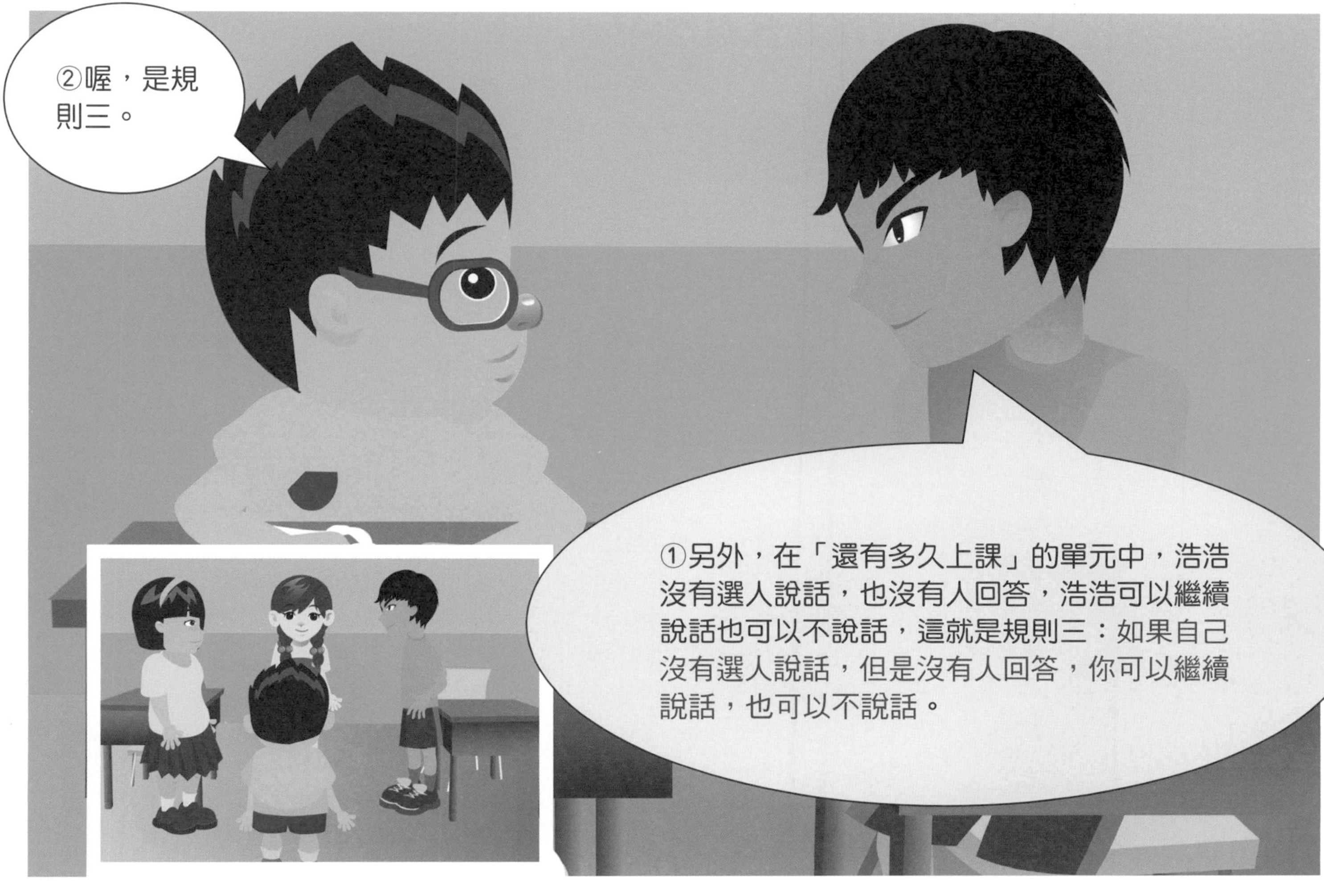
①另外，在「還有多久上課」的單元中，浩浩沒有選人說話，也沒有人回答，浩浩可以繼續說話也可以不說話，這就是規則三：如果自己沒有選人說話，但是沒有人回答，你可以繼續說話，也可以不說話。
②喔，是規則三。

①自己沒有選人，但又沒人回答，這不是會很尷尬嗎？
②有時候會，有時候不會啊，這個都需要停下來想一想啦。但是沒人回答的這個空檔，自己還是可以考慮要自己把話接下去說，還是就等待，不接話也是可以的。至於判斷的標準，可以跟老師或同學們一起討論，看看大家的經驗是怎樣，做個參考喔。

輪流說話向度：動畫人物簡介

我是浩浩的鄰居阿姨，住在浩浩家同一棟大樓裡，喜歡跟浩浩媽媽聊天。

我是浩浩的爸爸，假日沒事時很喜歡看NBA，但是還是會注意孩子們的功課。

我是浩浩學校的張老師，上課時，我還是希望學生能認真上課，學到重要知識喔。

我是浩浩的同學，有時候會接到浩浩的電話問功課，平常大家也會互相幫忙啦。

我是浩浩的同學，有時候會坐在浩浩旁邊，是好麻吉，不過有時候還是會吵吵架啦。

我是浩浩的哥哥，在家裡有時候我們可以好好地一起玩，有時候就是會吵架啦。

鄰居阿姨 浩浩媽媽 浩浩爸爸 林老師 張老師 小玲 小美 安安 阿宏 浩浩 浩浩哥哥 小東 小東媽媽

我是浩浩的媽媽，是個職業婦女，假日有空時會去鄰居家串門子。

我是浩浩學校的林老師，有時候下課時太忙，也會請學生們幫忙做一點事情。

我是浩浩的同學，坐在浩浩的附近，跟浩浩有點熟又不太熟，不過，大家都是好同學啦。

我是浩浩的同學，我家有養一隻貓喔，不過這隻貓最近生病了，讓我常常很擔心呢。

我是浩浩，就是這本書的第一主角啦，跟人家輪流說話時，心中常常會出現很多的OS喔。

我是浩浩的同學，看衣服就知道我挺喜歡運動的，在輪流單元中，我好像沒有出場呢，呵呵。

輪流說話的課程單元介紹

在這本書中，「輪流說話」向度總共有 13 個單元，下表簡單說明各單元的場景、名稱、教材難度、角色及單元中主要介紹的輪流說話規則：

	場景	單元名稱	難度	角色	規則
1	學校	白日夢	低組	浩浩、安安、小珍、張老師	規則一
2	學校	數學問題	低組	浩浩、小美、張老師	規則一
3	學校	有獎徵答	低組	浩浩、安安、小珍、張老師	規則一
4	社區	老師要結婚了	低組	浩浩、鄰居阿姨、浩浩媽媽	規則一（打斷）
5	學校	園遊會討論	低組	浩浩、阿宏、小美、小東	規則一（打斷）
6	學校	老師的暗示	低組	浩浩、安安、林老師	規則二
7	學校	還有多久上課	低組	浩浩、阿宏、安安、小珍	規則三
8	家庭	我不想看新聞	低組	浩浩、浩浩哥哥、浩浩爸爸	規則一／規則三
9	學校	破關密技	高組	浩浩、安安、小珍、林老師	規則一
10	學校	同學哭了	高組	浩浩、小美、安安	規則二
11	家庭	一百分	高組	浩浩、浩浩哥哥、浩浩爸爸	規則二
12	學校	冷笑話	高組	浩浩、小美、阿宏、張老師	規則三
13	學校	童軍課	高組	浩浩、阿宏、小珍、張老師	規則三

輪流說話的三大規則說明：

規則一：人家選到你，你才能說話。

規則二：如果說話的人沒有選下一個說話人，你可以說話，也可以不說話。

規則三：如果自己沒有選人說話，但是沒有人回答，你可以繼續說話，也可以不說話。

規則一的打斷說明：人家沒有選到你，但你想要說話，就需要適當地打斷。

輪流說話流程圖（三大規則）

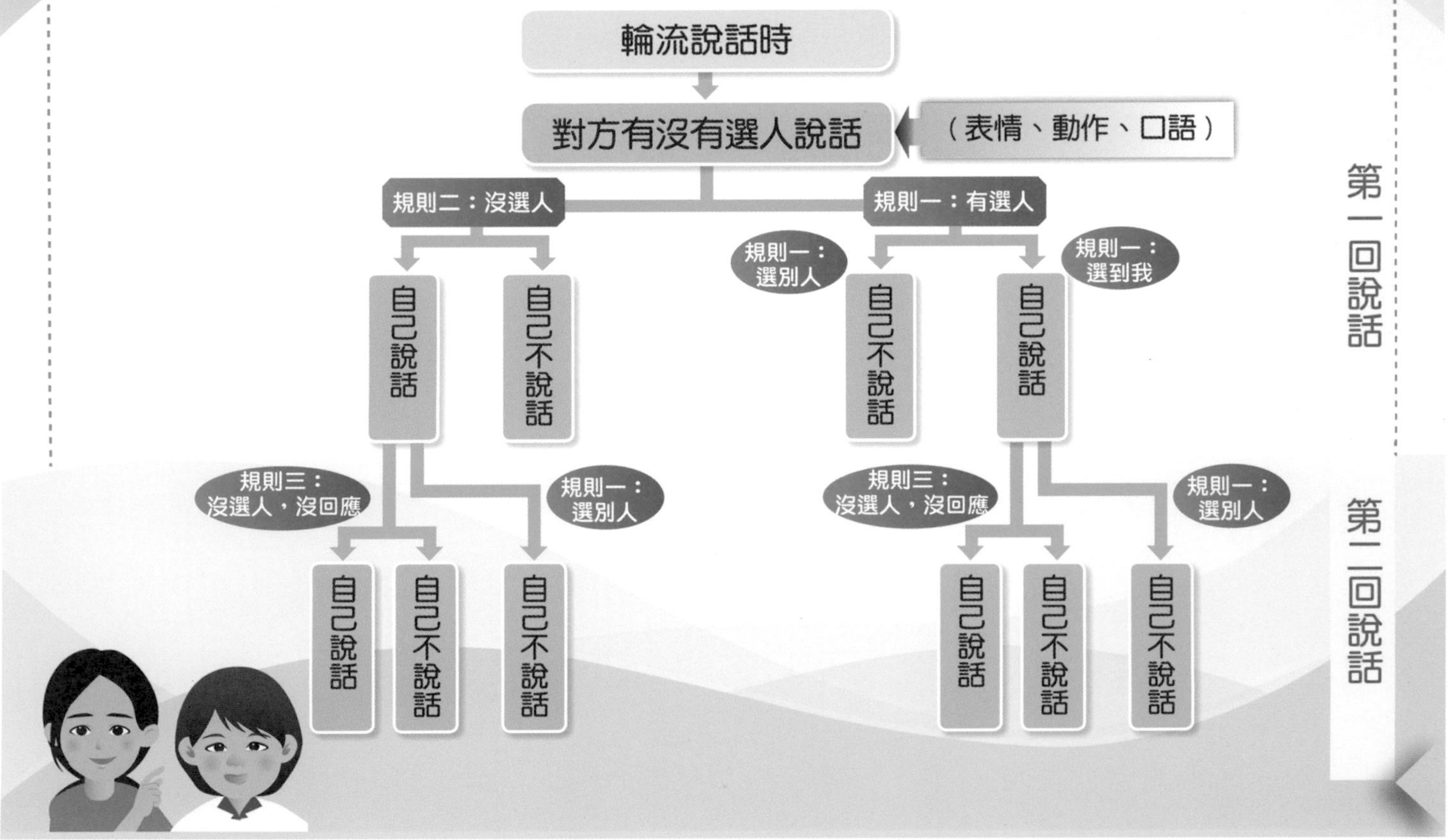

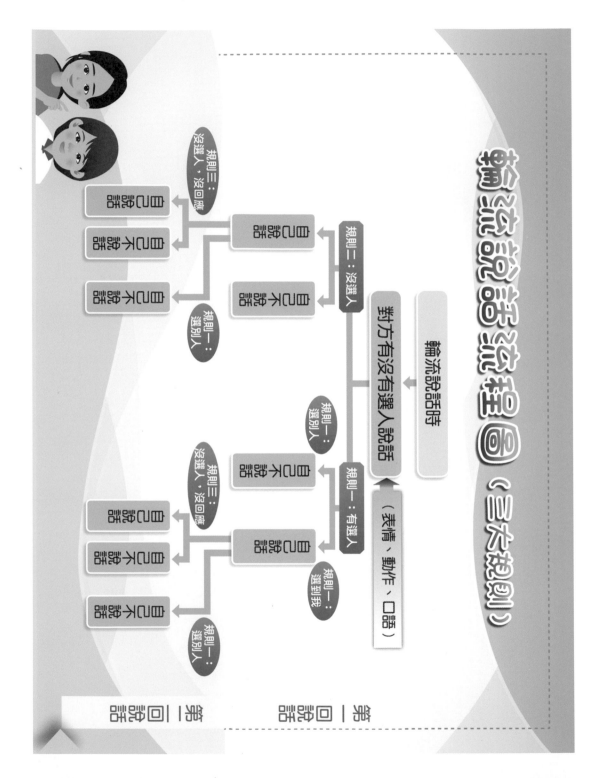

輪流說話流程圖（打斷）

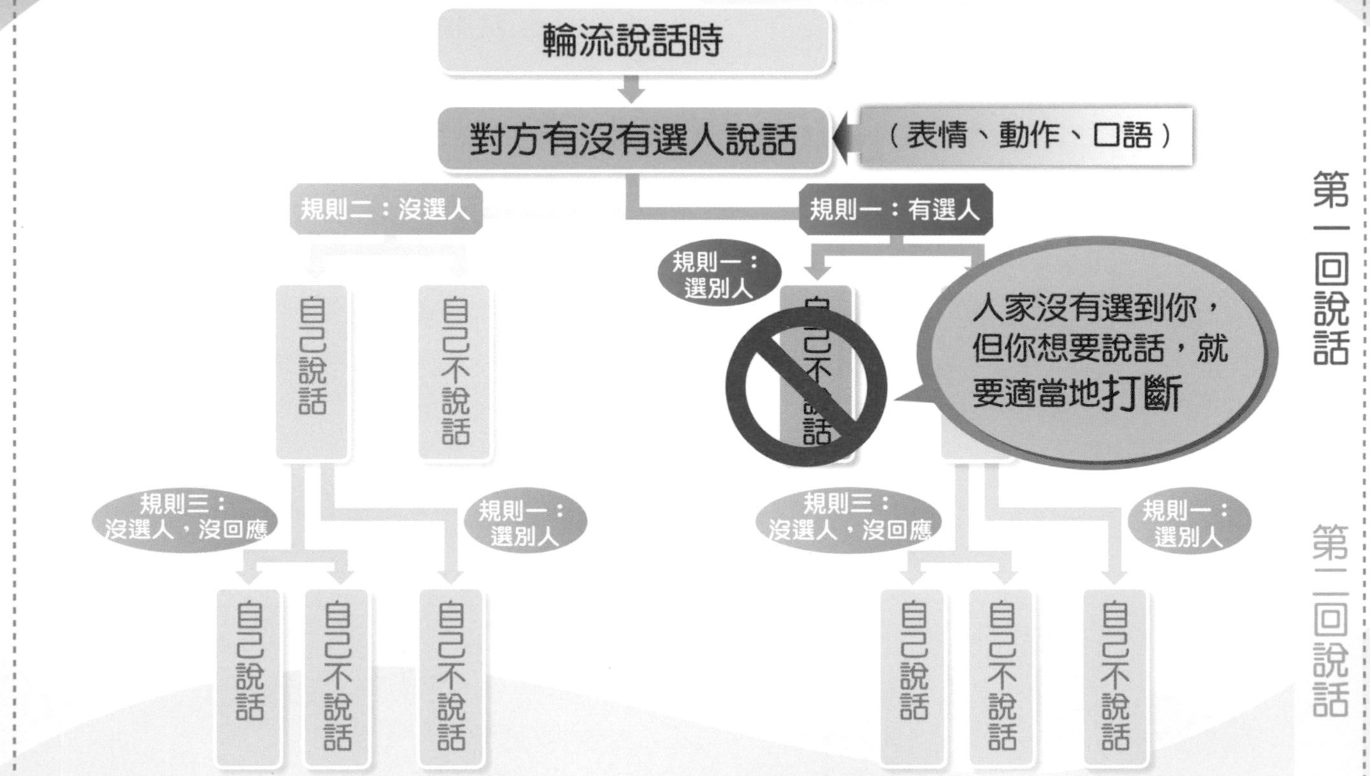

輪流說話時
對方有沒有選人說話
（表情、動作、口語）
規則二：沒選人
規則一：有選人
規則一：選別人
自己說話
自己不說話
自己不說話
人家沒有選到你，但你想要說話，就要適當地打斷
規則三：沒選人，沒回應
規則一：選別人
規則三：沒選人，沒回應
規則一：選別人
自己說話
自己不說話
自己不說話
自己說話
自己不說話
自己不說話
第一回說話
第二回說話

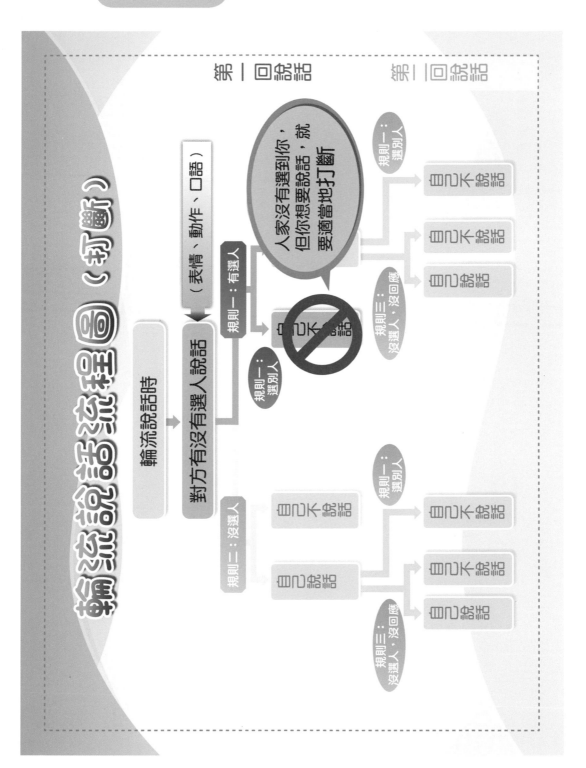

輪流說話作業單 1（白日夢） P. 1

1. 你覺得自己完全瞭解動畫內容嗎？□○ □×
2. 你有沒有類似的經驗？□有 □沒有
3. 看完動畫你選擇的行為是哪一個呢？
   □行為一 □行為二 □行為三
4. 動畫中，
   - 現在是什麼時間？
     □上課時間 □下課時間 □午睡時間
   - 老師有沒有選人回答？□有 □沒有
   - 老師是怎麼選人回答的？
     □用眼睛看 □說話提到 □用身體動作
   - 小珍說完之後該換誰回答？
     □小珍 □浩浩 □安安
   - 你怎麼知道小珍說完之後該換誰回答？

     ____
   - 安安為什麼用手指碰了浩浩的肩膀？
     □和浩浩開玩笑 □搔癢浩浩 □提醒浩浩
   - 安安是用什麼方式叫浩浩的？
     □用眼睛看 □說話提到 □用身體動作
   - 浩浩低著頭畫畫，沒有看著老師，也沒有回答問題。老師會覺得？
     □很高興 □沒關係 □不高興
5. 「行為一」中，
   - 浩浩回答老師了，哪個浩浩回答的原因在動畫中沒有出現？
     □老師眼睛看他 □老師說話提到
     □老師叫浩浩的名字 □安安的動作
   - 浩浩的回答沒有做到下列哪一項？
     □眼睛看著老師 □聲音大小適中
     □態度有禮貌 □跟問題有關
   - 老師聽了浩浩的回答，老師會覺得？
     □很高興 □沒關係 □不高興
6. 「行為二」中，
   - 安安又碰了浩浩的肩膀，是因為？
     □對浩浩惡作劇 □欺負浩浩
     □輪到浩浩說話了

輪流說話作業單 1（白日夢） P. 2

- 浩浩又被安安點了肩膀後說：「幹嘛推我！」當時他的心情是？
  □高興　□緊張　□難過　□生氣
- 安安提醒浩浩回答問題，但浩浩卻說：「說什麼嘛！」這樣會讓老師覺得？
  □高興　□緊張　□難過　□生氣
- 老師有上述心情是因為浩浩？
  □眼睛沒看老師　□聲音太小
  □態度沒禮貌　□亂說無關的事

7. 「行為三」中，
- 浩浩的回答沒有做到哪一項？
  □眼睛看著老師　□聲音大小適當
  □態度有禮貌　□說自己最喜歡的事
- 老師聽了浩浩的話會覺得？
  □高興　□緊張　□難過　□生氣

8. 「行為一」、「行為二」及「行為三」中，
- 「行為一」浩浩說：「我想要坐捷運」，老師有點不高興；「行為二」浩浩說：「幹嘛推我」，老師有點不高興；以及「行為三」浩浩回答：「大概是七點鐘」，老師微笑。三種行為有不同反應的原因，你覺得是為什麼呢？

____

輪流說話作業單 2（數學問題） P. 1

1. 你覺得自己完全瞭解動畫內容嗎？□○　□×
2. 你有沒有類似的經驗？□有　□沒有
3. 看完動畫你選擇的行為是哪一個呢？
   □行為一　□行為二　□行為三
4. 動畫中，
   - 當老師問了一個數學問題後，應該誰回答？
     □小美　□浩浩　□安安
   - 你為什麼這樣認為？
     □老師叫她的名字　□老師用手指指著她
     □老師用手輕拍她　□以上皆是
   - 動畫中現在是什麼時間？
     □上課時間　□下課時間　□午睡時間
   - 老師剛剛在做什麼？
     □講數學笑話　□分配工作　□上數學課
5. 「行為一」中，
   - 當小美回答時，浩浩在做什麼事？
     □專心聆聽小美說話　□發呆
     □想昨天的遊戲　□補寫作業
   - 浩浩知道答案嗎？□知道　□不知道
   - 浩浩為什麼不立刻回答？
     □老師叫他的名字　□老師用手指指著他
     □老師用手輕拍他　□老師沒叫他
   - 後來浩浩為什麼回答？
     □老師叫他的名字　□老師用手指指著他
     □老師用手輕拍他　□老師沒叫他
   - 浩浩是怎麼回答的？
     □眼睛看著老師　□有禮貌不過分誇大
     □答案與問題有關　□以上皆是
   - 浩浩這樣回答，老師聽了感覺如何？
     □高興　□緊張　□難過　□生氣
6. 「行為二」中，
   - 當浩浩搶著回答，老師會覺得如何？
     □我沒有叫浩浩　□我是要小美回答
     □浩浩不遵守規則　□浩浩應該等小美說完
     □以上皆是
   - 浩浩這樣回答，老師聽了心情如何？
     □高興　□緊張　□難過　□生氣

輪流說話作業單 2（數學問題） P. 2

- 其他同學又覺得如何呢？

  □浩浩應該要舉手等老師叫他

  □討厭浩浩搶著發言　□浩浩不遵守規則

  □浩浩很沒禮貌　□以上皆是

- 浩浩的回答是正確的，為什麼老師沒有稱讚他？＿＿＿＿＿＿＿＿

7. 「行為三」中，

- 小美想了很久沒回答，為什麼老師還要等她說？

  □老師處罰小美

  □因為小美是老師指定回答的人

  □小美需要鼓勵　□以上皆是

- 當小美回答錯誤，浩浩直接說出答案，當時老師的感受是？

  □高興　□緊張　□難過　□生氣

- 老師為什麼會有這樣的感覺？

  □浩浩的聲音太小　□浩浩幫小美解危

  □浩浩的口氣很不禮貌，會讓小美不舒服

  □浩浩說話內容和問題無關

8. 「行為一」、「行為二」及「行為三」中，

- 「行為一」浩浩等老師叫才回答，老師高興；「行為二」浩浩大聲搶答，老師同學生氣；以及「行為三」浩浩笑答錯的人，老師同學生氣。三種行為有不同反應的原因，你覺得是為什麼呢？＿＿＿＿＿＿＿＿

輪流說話作業單 3（有獎徵答） P. 1

1. 你覺得自己完全瞭解動畫內容嗎？□○　□×
2. 你有沒有類似的經驗？
   □有　□沒有
3. 看完動畫你選擇的行為是哪一個呢？
   □行為一　□行為二　□行為三
4. 動畫中，老師說要進行有獎徵答，請問：
   - 該什麼時候舉手搶答？
     □先搶先贏！所以手要一直舉著
     □知道答案就立刻舉手
     □老師說完題目的瞬間就舉手
   - 怎麼樣才能被老師指定回答？
     □先舉手的人　□先說出答案的人
     □等老師選的人
   - 怎麼樣才可能獲得獎品？
     □先舉手的人　□答案正確的人
     □老師選的人
     □舉手＋等老師選到＋回答正確的人
   - 當老師問完問題後，為什麼安安可以首先回答？
     □因為安安成績好　□首先舉手
     □老師選她回答
   - 當安安回答後，老師說答錯，接下來該由誰回答？
     □先舉手的人　□先說出答案的人
     □老師選的人
5. 「行為一」中，
   - 當浩浩回答「唐朝」時，他有得到哪項說話的提示？
     □老師叫他的名字　□老師說安安答錯
     □老師看著他　□以上皆非
   - 只有浩浩知道答案嗎？
     □是　□不一定　□不是
   - 當浩浩搶先說出答案時，同學的心情是？
     □高興　□緊張　□難過　□生氣
   - 浩浩搶先回答卻沒被老師獎勵，浩浩大聲抗議不公平。你覺得同學看了會覺得？
     □浩浩值得同情　□老師對浩浩有偏見
     □浩浩沒等老師選就搶著說，對大家很不公平
     □浩浩已經回答過太多次了

輪流說話作業單 3（有獎徵答） P. 2

6. 「行為二」中，
   - 浩浩得到哪項說話的提示？
     □第一個舉手　□搶先說出答案
     □老師選他　□舉手＋等老師選他＋回答正確
   - 老師叫浩浩回答，浩浩也答對了，浩浩的心情是？
     □高興　□不受影響　□不高興
   - 老師叫浩浩回答，浩浩也答對了，老師的心情是？
     □高興　□不受影響　□不高興
   - 老師叫浩浩回答，浩浩也答對了，同學的心情是？
     □高興　□不受影響　□不高興

7. 「行為三」中，
   - 為什麼浩浩已經說出正確答案，老師還要小珍回答？
     □因為浩浩不守規則，不算回答
     □老師對浩浩有偏見　□小珍需要鼓勵
     □浩浩答過太多次了

8. 「行為一」、「行為二」及「行為三」中，
   - 「行為一」浩浩說：「不公平！我明明答對了」，老師不高興；「行為二」老師叫浩浩回答，浩浩答對，老師高興；以及「行為三」浩浩自己回答，老師不理他。三種行為有不同反應的原因，你覺得是為什麼呢？__________

     ____

輪流說話作業單 4（老師要結婚了） P. 1

1. 你覺得自己完全瞭解動畫內容嗎？□○　□×
2. 你有沒有類似的經驗？□有　□沒有
3. 看完動畫你選擇的行為是哪一個呢？
   □行為一　□行為二　□行為三
4. 動畫中，
   - 當媽媽說：「這時間我要……」時，應該誰回答？
     □鄰居阿姨　□爸爸　□浩浩　□不一定
   - 你從哪一些訊息判斷媽媽有沒有選人說話？
     □用眼睛看著鄰居阿姨　□說話前後內容
     □身體面向鄰居阿姨　□以上皆有
     □以上皆無
   - 動畫中現在是什麼地點？
     □公園　□鄰居阿姨家　□學校
   - 當媽媽說：「你乖乖自己讀書」的意思是什麼？
     □跟浩浩討論中餐要吃什麼
     □想要專心跟鄰居阿姨聊天
     □等一下要檢查功課寫了沒
     □要問浩浩成績考幾分
5. 「行為一」中，
   - 浩浩做了什麼事？
     □打斷媽媽跟鄰居阿姨的聊天
     □用手打媽媽一下
     □用手打鄰居阿姨一下
     □自己安靜地讀書
   - 你覺得當媽媽正在說話時，浩浩可以打斷媽媽說話嗎？
     □可以　□不可以　□不一定
     為什麼你會這樣覺得呢？

     ____
   - 媽媽的回答代表什麼意思？
     □覺得浩浩很認真地看書
     □覺得浩浩考試考不好
     □覺得浩浩有禮貌地在等待
     □不耐煩浩浩搞不清楚狀況

輪流說話作業單 4（老師要結婚了） P. 2

6. 「行為二」中，
   - 浩浩做了什麼事？
     □用手輕拍鄰居阿姨說話
     □偷偷跟鄰居阿姨說話
     □很生氣地對媽媽抱怨
     □開心地自己唱歌跳舞
   - 你覺得媽媽的回答代表什麼意思？
     □覺得浩浩很不禮貌
     □覺得鄰居阿姨很不禮貌
     □討厭浩浩亂拿東西
     □驚訝浩浩的老師要結婚了

7. 「行為三」中，
   - 浩浩做了什麼事？
     □舉手說鄰居阿姨要結婚了
     □說鄰居阿姨家很亂
     □小聲地邊敲書邊生氣
     □跟媽媽說我會等妳
   - 你覺得媽媽知道浩浩的感覺嗎？
     □知道　□不知道

8. 「行為一」、「行為二」及「行為三」中，
   - 「行為一」浩浩適當地打斷媽媽說話，媽媽高興；「行為二」浩浩打斷媽媽說話，媽媽不高興；以及「行為三」浩浩自己生悶氣，媽媽不知道。三種行為有不同反應的原因，你覺得是為什麼呢？＿＿＿＿＿＿＿＿

輪流說話作業單 5（園遊會討論） P. 1

1. 你覺得自己完全瞭解動畫內容嗎？□○　□×
2. 你有沒有類似的經驗？□有　□沒有
3. 看完動畫你選擇的行為是哪一個呢？
   □行為一　□行為二　□行為三
4. 動畫中，
   - 阿宏有選人說話嗎？□有　□沒有
   - 當阿宏說：「我想我們可以去問一下去年賣冰淇淋的學長姊，看看他們的機器和……」時，應該誰回答？
     □不一定　□小東　□小美　□浩浩
   - 你從哪一些訊息判斷阿宏有沒有選人說話？
     □眼睛看著小美　□說話前後內容
     □身體面向小美　□以上皆有　□以上皆無
   - 動畫中現在是什麼時間？
     □班會時間　□下課時間　□午睡時間
   - 阿宏現在說話的內容是什麼？
     □跟浩浩討論要準備昆蟲展
     □剛剛忘了寫作業　□要問去年學長姊的經驗
     □跟小美討論小東的八卦
5. 「行為一」中，
   - 浩浩做了什麼事？
     □打斷阿宏問明天的功課
     □打斷阿宏說去年的昆蟲展
     □跟小美聊天　□跟小東打架
   - 你覺得當阿宏正在說話時，浩浩可以打斷阿宏說話嗎？□可以　□不可以　□不一定
     為什麼你會這樣覺得呢？

     ____
   - 阿宏的回答代表什麼意思？
     □覺得浩浩很有生物的知識
     □不耐煩浩浩搞不清楚狀況
     □很擔心浩浩會亂抓昆蟲
     □覺得浩浩在欺騙他
6. 「行為二」中，
   - 浩浩做了什麼事？
     □偷偷跟小珍說話　□用手輕拍阿宏說話
     □舉手跟小東說要發言
     □生氣地自己一直對自己說話

輪流說話作業單 5（園遊會討論） P. 2

- 你覺得阿宏的回答代表什麼意思？
  - □覺得浩浩的提議還不錯
  - □覺得小美的提議很不好
  - □討厭浩浩亂提議
  - □驚訝浩浩說了奇怪的話

7. 「行為三」中，
   - 浩浩做了什麼事？
     - □舉手告訴老師說阿宏說錯話了
     - □說阿宏的點子很爛
     - □跟小美說阿宏很厲害
     - □跟阿宏說你真棒
   - 阿宏的回答代表什麼意思？
     - □覺得浩浩的點子很厲害
     - □生氣浩浩說冰淇淋點子爛
     - □緊張自己的點子不受歡迎
     - □覺得浩浩關心自己的努力

8. 「行為一」、「行為二」及「行為三」中，
   - 「行為一」浩浩打斷阿宏說話，阿宏很不耐煩；「行為二」浩浩打斷阿宏說話，阿宏不生氣；以及「行為三」浩浩打斷阿宏說話，阿宏生氣。三種行為有不同反應的原因，你覺得是為什麼呢？________________

輪流說話作業單 6（老師的暗示）

P. 1

1. 你覺得自己完全瞭解動畫內容嗎？□○　□×
2. 你有沒有類似的經驗？□有　□沒有
3. 看完動畫你選擇的行為是哪一個呢？

   □行為一　□行為二　□行為三
4. 動畫中，
   - 老師有選人說話嗎？□有　□沒有
   - 當老師說：「你們誰可以幫我送文件到校長室？對了，我這邊有一瓶飲料，有誰要喝？」時，應該誰回答？

     □安安　□浩浩　□老師　□不一定
   - 你從哪一些訊息判斷老師有沒有選人說話？

     □叫人的名字

     □用手指著浩浩

     □用手扶安安的肩膀

     □以上皆有

     □以上皆無
   - 動畫中現在是什麼時間？

     □上課時間　□下課時間　□午睡時間
   - 老師現在說話的內容是什麼？

     □下課了大家要打掃辦公室

     □提醒大家交聯絡簿

     □請同學幫忙送文件到校長室

     □訓話大家不可以常吵架
5. 「行為一」中，
   - 當老師說：「有誰要喝？」時，誰回話了？

     □安安　□浩浩　□以上皆是　□以上皆非
   - 老師的回答代表什麼意思？

     □覺得浩浩跟安安都很願意幫忙，不想找別人

     □覺得浩浩跟安安都不願幫忙，只好找別人

     □覺得浩浩願意幫忙，所以暗示浩浩送

     □覺得安安願意幫忙，所以暗示安安送
   - 浩浩的自言自語代表什麼意思？

     □覺得老師體諒自己很辛苦

     □嘲笑老師沒有選人的眼光

     □生氣老師不找他幫忙

     □很高興老師不選自己

輪流說話作業單 6（老師的暗示） P. 2

- 安安聽到浩浩說的話，你覺得安安會有什麼樣的感覺？______
- 如果老師聽到浩浩說的話，你覺得老師會有什麼樣的感覺？______

6. 「行為二」中，
   - 浩浩的回答代表什麼意思？
     - □不管老師的飲料是不是珍奶，他都會幫忙送文件
     - □如果老師的飲料是珍奶，他才要幫忙送文件
     - □他一點都不想要幫老師送文件
   - 你覺得老師的回答代表什麼意思？
     - □覺得浩浩很貼心及勤奮　□覺得浩浩很現實
     - □能體諒浩浩很辛苦
     - □不高興浩浩搶安安的飲料

7. 「行為三」中，
   - 浩浩的回答代表什麼意思？
     - □自願幫老師送文件
     - □覺得送文件是一件麻煩事
     - □待會會叫安安幫忙送文件
     - □以上皆是
   - 老師會有什麼感覺？
     - □很難過安安沒有幫忙
     - □很高興浩浩願意幫忙
     - □很猶豫要不要讓浩浩幫忙
     - □很高興不用給浩浩飲料

8. 「行為一」、「行為二」及「行為三」中，
   - 「行為一」浩浩沒有回答，過一會兒私下抱怨；「行為二」浩浩問：「飲料是不是珍奶」，老師不高興；以及「行為三」浩浩願意幫忙，老師覺得開心。三種行為有不同反應的原因，你覺得是為什麼呢？______

______

輪流說話作業單 7（還有多久上課） P. 1

1. 你覺得自己完全瞭解動畫內容嗎？□○　□×
2. 你有沒有類似的經驗？□有　□沒有
3. 看完動畫你選擇的行為是哪一個呢？
   □行為一　□行為二　□行為三
4. 動畫中，
   - 安安最後說完話，你覺得應該是誰該接話？
     □浩浩　□小珍　□安安　□不一定
   - 你從哪一些訊息判斷安安有沒有選人說話？
     □沒用眼睛看人　□說話內容停頓
     □沒有用手指人　□以上皆有
   - 動畫中現在是什麼時間？
     □上課時間　□下課時間　□午睡時間
   - 大家現在聊天的內容是什麼？
     □班會選跑步選手　□老師們的八卦
     □同學們的表演
   - 當浩浩說完：「還有幾分鐘上課啊？」之後，同學們的反應是什麼？
     □哄堂大笑　□不知所措
     □悲傷沮喪　□安靜無聲
5. 「行為一」中，
   - 當自己說完話，而同學們都很安靜時，浩浩可以繼續說話嗎？
     □可以　□不可以　□不一定
     為什麼你會這樣覺得呢？

     ____
   - 你覺得浩浩有叫誰接話嗎？
     □浩浩　□小珍　□阿宏　□不一定
   - 浩浩繼續說話的方式及內容是什麼？
     □罵阿宏為什麼你不回答
     □有禮貌地問阿宏還有幾分鐘
     □邊哭邊問阿宏時間
     □很害怕阿宏不喜歡自己
   - 聽了浩浩說話的內容，你覺得阿宏的心情會如何？
     □覺得浩浩很有禮貌　□不耐煩被浩浩問問題
     □生氣浩浩不戴手錶
     □很開心浩浩自己知道時間

輪流說話作業單 7（還有多久上課）

P. 2

6. 「行為二」中，
   - 浩浩繼續說話的內容及方式是什麼？
     □開心地問時間　□緊張地問時間
     □懷疑大家都不知道時間
     □生氣地大聲問時間
   - 你覺得同學們的心情會如何？
     □覺得浩浩很沒有禮貌
     □嫉妒浩浩都可以亂生氣
     □覺得浩浩非常有自信
     □擔心浩浩會被老師罵
7. 「行為三」中，
   - 浩浩做了什麼事？
     □告訴老師說同學沒有帶手錶
     □戳小珍的肩膀問時間
     □自己看手錶的時間然後去上廁所
     □摸安安的手問時間
   - 你覺得小珍的心情會如何？
     □開心浩浩知道不可以亂碰別人
     □煩惱浩浩不知道有多少時間可以上廁所
     □生氣浩浩亂戳自己的肩膀
     □覺得很尷尬因為自己的頭髮很油
8. 「行為一」、「行為二」及「行為三」中，
   - 「行為一」浩浩繼續說話，阿宏沒生氣；「行為二」浩浩繼續說話，安安生氣；以及「行為三」浩浩繼續說話，小珍生氣。三種行為有不同反應的原因，你覺得是為什麼呢？＿＿＿＿＿＿
     ＿＿＿＿＿＿＿＿＿＿＿＿＿＿＿＿＿＿＿＿

輪流說話作業單 8（我不想看新聞）

P. 1

1. 你覺得自己完全瞭解動畫內容嗎？□○　□×
2. 你有沒有類似的經驗？□有　□沒有
3. 看完動畫你選擇的行為是哪一個呢？

   □行為一　□行為二　□行為三
4. 動畫中，浩浩和家人在看電視，
   - 現在電視播放的內容是？

     □廣告　□綜藝節目　□新聞　□卡通
   - 爸爸說的話和電視的內容有關嗎？

     □有　□沒有
   - 爸爸說：「什麼都漲就是薪水沒有漲。」誰可以接著說話？

     □哥哥　□浩浩　□都可以
   - 你是從哪裡判斷的？□爸爸眼睛看著人

     □爸爸說話停頓　□爸爸用手指著人
   - 哥哥建議爸爸去加油，他為什麼會這樣說？

     □剛才的新聞報導

     □爸爸對新聞報導的感嘆

     □哥哥自己的興趣

     □對新聞報導和爸爸發言的聯想
   - 你認為哥哥和爸爸想不想繼續看新聞？

     □想　□不想
   - 你認為浩浩想不想繼續看新聞？

     □想　□不想
   - 你認為浩浩覺得新聞無聊的原因是？

     □他很幼稚

     □他不知道新聞很重要，跟日常生活有關

     □他沒有專心看　□他想要看卡通
   - 浩浩說了：「我覺得看新聞很無聊！」之後，家人有什麼反應？

     □爸爸眼睛沒看浩浩

     □哥哥沒有接著浩浩的話繼續說

     □爸爸和哥哥都被新聞報導吸引了

     □以上皆是
   - 他們有接著說話嗎？□有　□沒有
   - 此時，浩浩如果還想繼續表達意見是可以的嗎？

     □可以，不然只有他們看太不公平了

     □不可以，會打擾爸爸和哥哥看電視

     □可以，只是要好好地說，不要讓大家不舒服

輪流說話作業單 8（我不想看新聞） P. 2

5. 「行為一」中，
   - 浩浩看了看爸爸和哥哥，沒有再說些什麼，你覺得他是……（複選）

     □膽小不敢爭取

     □太容易放棄，就看不到想看的節目了

     □很體貼，因為知道爸爸和哥哥都想看新聞

     □表達技巧欠佳，不知道該怎麼說才好

6. 「行為二」中，
   - 浩浩說：「我不要看啦！」浩浩的說話方式如何？

     □聲音大小適當

     □態度讓爸爸和哥哥感到被尊重

     □內容清楚地說出自己想要的

     □以上皆是　□以上皆非
   - 爸爸聽了他的話之後，心情會如何？

     □高興　□緊張　□難過　□生氣
   - 浩浩有沒有達到目的？□有　□沒有

7. 「行為三」中，
   - 浩浩問爸爸：「可不可以改看卡通？」浩浩的說話方式如何？

     □聲音大小適當

     □態度讓爸爸和哥哥感到被尊重

     □內容清楚地說出自己想要的

     □以上皆是　□以上皆非
   - 爸爸聽了他的話之後，心情會如何？

     □高興　□緊張　□難過　□生氣
   - 浩浩有沒有達到目的？□有　□沒有

8. 「行為一」、「行為二」及「行為三」中，
   - 「行為一」浩浩沒有再說什麼，大家繼續看新聞；「行為二」浩浩說：「我不要看啦！」爸爸不高興；以及「行為三」浩浩問：「可以改看卡通嗎？」爸爸說：「等一下換卡通。」三種行為有不同反應的原因，你覺得是為什麼呢？

     ____

輪流說話作業單 9（破關密技） P. 1

1. 你覺得自己完全瞭解動畫內容嗎？□○　□×
2. 你有沒有類似的經驗？□有　□沒有
3. 看完動畫你選擇的行為是哪一個呢？
   □行為一　□行為二　□行為三
4. 動畫中，
   - 現在是什麼時間？
     □上課時間　□下課時間　□午睡時間
   - 老師有選人說話嗎？□有　□沒有
   - 小珍和安安說的話跟老師上課的內容有關嗎？
     □有　□沒有
   - 小珍和安安的行為適當嗎？
     □適當　□不適當
   - 小珍是如何選浩浩說話的？
     □小珍叫他的名字　□小珍用手指指著他
     □小珍用手輕拍他　□以上皆是
5. 「行為一」中，
   - 浩浩的行為是：
     □向老師告狀　□沒有回應小珍
     □打斷老師上課　□以上皆是
   - 哪項不是浩浩的行為結果？
     □老師很感激浩浩
     □課程受耽誤，老師生氣了
     □被小珍埋怨　□被安安討厭
   - 如果你的同學像浩浩這樣做，你認為他會如何？
     □受同學歡迎　□受老師歡迎　□以上皆非
6. 「行為二」中，
   - 浩浩沒做什麼？
     □說：「噓！」　□眼睛看著小珍
     □輕輕地搖頭　□手指老師
   - 他的意思是？
     □不想告訴小珍密技
     □用「低調動作」告訴小珍現在不方便公開說話
     □用「說話」告訴小珍現在不方便說話
   - 浩浩這樣的行為結果會如何？
     □打斷老師上課　□獲得老師讚賞
     □被小珍埋怨　□被安安討厭　□以上皆非
   - 如果你的同學像浩浩這樣做，你認為他會如何？
     □受同學歡迎　□受老師歡迎　□以上皆是

輪流說話作業單 9（破關密技） P. 2

- 想一想，用「低調動作回答小珍」或「完全不理小珍」，哪個比較好？為什麼？

____

7. 「行為三」中，
   - 哪一項不是浩浩的行為？
     □聲音太大干擾老師上課
     □說了跟上課不相關的事
     □態度很自大　□適當地回答小珍
   - 老師聽到浩浩說的話很不高興，她罵了誰？
     □小珍　□安安　□浩浩　□以上皆是
   - 浩浩被罵，你覺得：
     □是小珍要他回答，浩浩是無辜的
     □浩浩自己欠缺判斷力，他自己要負責
     □不是安安叫浩浩的，安安才無辜
   - 如果你的同學像浩浩這樣做，你認為他會如何？
     □受同學歡迎　□受老師歡迎　□以上皆非
8. 「行為一」、「行為二」及「行為三」中，
   - 「行為一」浩浩報告老師，老師同學生氣；「行為二」浩浩低調動作回答，老師同學相安無事；以及「行為三」浩浩回答小珍，老師同學生氣。三種行為有不同反應的原因，你覺得是為什麼呢？

____

輪流說話作業單 10（同學哭了）

1. 你覺得自己完全瞭解動畫內容嗎？□○　□×
2. 你有沒有類似的經驗？□有　□沒有
3. 看完動畫你選擇的行為是哪一個呢？
   □行為一　□行為二　□行為三
4. 動畫中，
   - 當安安說：「我的多多昨天晚上死了，嗚嗚嗚。」應該誰回答？
     □小美　□浩浩　□安安　□不一定
   - 安安有選別人說話嗎？
     □有　□沒有
   - 你從哪一些訊息判斷安安有沒有選人說話？
     □眼睛　□說話停頓與否　□說話的內容
     □身體的動作　□以上皆有
   - 動畫中現在是什麼時間？
     □上課時間　□下課時間　□午睡時間
   - 安安在動畫中的心情如何？
     □難過　□高興　□尷尬
   - 安安為什麼在哭泣？
     □她討厭浩浩　□剛剛上課被老師罵
     □她的貓死了　□她沒有寫完功課
5. 「行為一」中，
   - 安安沒有選別人說話，浩浩有接話嗎？
     □有　□沒有
   - 浩浩沒有接話，安安有生氣嗎？
     □有　□沒有
     為什麼？
     □安安心情好　□此時無聲勝有聲
     □安安很無聊　□安安很害怕
     □安安對小美生氣
   - 安安沒有選別人說話，小美有接話嗎？
     □有　□沒有
   - 小美說完話，安安有生氣嗎？
     □有　□沒有
     為什麼？
     □安安覺得有被安慰到
     □此時安安已經哭完了
     □安安不想要跟小美說話
     □因為小美是女生
   - 安安沒有選別人說話，浩浩沒接話，但小美有接話，這樣合適嗎？□合適　□不合適

輪流說話作業單 10（同學哭了）

P. 2

- 有人說話，有人不說話，安安有對誰生氣嗎？
  □有　□沒有
  為什麼？
  □浩浩這時候安靜是禮貌的
  □小美的話安慰了安安
  □兩者皆是　□兩者皆非

6. 「行為二」中，
   - 安安沒有選別人說話，浩浩主動接話安慰安安，安安有高興嗎？□有　□沒有
   - 當浩浩說：「貓死了就再買一隻就好了。」安安會覺得怎麼樣？
     □浩浩很聰明　□浩浩真體貼
     □浩浩沒同情心
     為什麼？
     □打斷安安說話　□安安愛亂罵人
     □浩浩說錯話了　□安安想要安靜
     □以上皆有

7. 「行為三」中，
   - 安安沒有選別人說話，浩浩主動接話安慰安安，安安有高興嗎？
     □有　□沒有
   - 當浩浩說：「女生就是愛哭，貓死了有什麼好哭的。」安安會覺得怎麼樣？
     □浩浩很聰明　□浩浩沒同情心
     □浩浩真體貼
   - 安安覺得浩浩說話的內容？
     □有安慰到她　□令人生氣　□普普通通

8. 「行為一」、「行為二」及「行為三」中，
   - 「行為一」浩浩不接話，安安沒生氣；「行為二」浩浩接話，安安生氣；以及「行為三」浩浩接話，安安生氣。三種行為有不同反應的原因，你覺得是為什麼呢？________________
     ____

輪流說話作業單 11（一百分） P. 1

1. 你覺得自己完全瞭解動畫內容嗎？□○　□×
2. 你有沒有類似的經驗？□有　□沒有
3. 看完動畫你選擇的行為是哪一個呢？
   □行為一　□行為二　□行為三
4. 動畫中，當爸爸在看電視的空檔時間問：「你們段考考完了，考得怎麼樣呢？」
   - 這時候爸爸有沒有要誰回答？
     □有叫浩浩回答　□有拍拍哥哥的肩膀
     □眼睛輪流看著浩浩和哥哥
   - 這時候哥哥和浩浩誰該回答？
     □哥哥　□浩浩　□都可以
5. 動畫中，當爸爸說：「段考考一百分的人可以得到 100 元。」
   - 這時候爸爸做了什麼？
     □有叫浩浩回答　□有拍拍哥哥的肩膀
     □眼睛輪流看著浩浩和哥哥
   - 這時候哥哥和浩浩誰該回答？
     □哥哥　□浩浩　□都可以
   - 哥哥說：「太好了。」哥哥的心情是？
     □高興　□緊張　□難過　□生氣
   - 浩浩可以接著說話嗎？□可以　□不行
   - 浩浩可以不說話嗎？□可以　□不行
6. 「行為一」中，
   - 浩浩的表達方式有做到……？
     □聲音大小適中　□態度有禮貌
     □跟談話內容有關　□以上皆是
   - 浩浩的心情如何？
     □高興　□緊張　□難過　□生氣
   - 浩浩的表達方式，爸爸能不能接受？
     □可以　□不可以
   - 浩浩的表達方式，你認為哥哥能不能接受？
     □可以　□不可以
7. 「行為二」中，
   - 浩浩的表達方式有做到？
     □聲音大小適中　□態度有禮貌
     □跟談話內容有關　□以上皆是

輪流說話作業單 11（一百分） P. 2

- 浩浩這樣的表達方式，是因為他的心情如何？（複選）
  □高興　□緊張　□難過　□生氣
- 浩浩最想告訴爸爸和哥哥的是？（複選）
  □爸爸太重視分數了　□這樣的獎勵很不公平
  □如果我的努力得不到肯定，我會很傷心
- 浩浩的表達方式，爸爸聽了心情如何？（複選）
  □高興　□得意　□難過　□生氣
- 浩浩的表達方式，哥哥聽了心情如何？（複選）
  □高興　□緊張　□尷尬　□生氣
- 浩浩的心聲，爸爸和哥哥有沒有接受？
  □有　□沒有

8. 「行為三」中，
- 浩浩的心情如何？
  □高興　□緊張　□滿足　□生氣
- 你是如何看出浩浩的心情的？

____

- 當爸爸說：「那麼就這樣說定了。」浩浩卻流眼淚哭了，浩浩的心情如何？
  □高興　□平靜　□難過　□討厭
- 你認為，爸爸會不會知道浩浩為什麼哭？
  □知道　□不確定

9. 「行為一」、「行為二」及「行為三」中，
- 「行為一」浩浩說過程才重要，爸爸接受；「行為二」浩浩大喊不公平，爸爸哥哥生氣；以及「行為三」浩浩安靜不說話，然後流淚，爸爸哥哥沒察覺。三種行為有不同反應的原因，你覺得是為什麼呢？______________________________

____

輪流說話作業單 12（冷笑話） P. 1

1. 你覺得自己完全瞭解動畫內容嗎？□○　□×
2. 你有沒有類似的經驗？□有　□沒有
3. 看完動畫你選擇的行為是哪一個呢？
   □行為一　□行為二　□行為三
4. 動畫中，
   - 老師有選人說話嗎？
     □有　□沒有
   - 當老師說：「夕陽西下，斷腸人在哪裡？」應該由誰回答？
     □小東　□不一定　□安安　□浩浩
   - 你從哪一些訊息判斷老師沒有選人說話？
     □用生氣的眼神看人　□說話內容停頓
     □用手指著浩浩　□以上皆無
   - 動畫中現在是什麼時間？
     □上課時間　□下課時間　□午睡時間
   - 老師現在說話的內容是什麼？
     □班會課選幹部　□國文課課文
     □數學課方程式
   - 當浩浩說完：「在醫院……哈哈哈」之後，老師和同學的反應是什麼？
     □哄堂大笑　□安靜無聲
     □悲傷沮喪　□驕傲自豪
5. 「行為一」中，
   - 當老師和同學都很安靜時，浩浩可以繼續說話嗎？□可以　□不可以　□不一定
   - 浩浩繼續說話的內容是什麼？
     □馬很瘦　□烏鴉有時候會吃人　□小腸手術
     □以上皆是
   - 聽了老師說話的內容，你覺得老師的心情如何？
     □覺得浩浩很聰明　□嫉妒浩浩很有知識
     □生氣浩浩回答不相關的話
     □生氣浩浩亂插嘴
6. 「行為二」中，
   - 浩浩繼續說話的內容是什麼？
     □西風的話　□請老師加分　□請老師扣分
     □以上皆非

輪流說話作業單 12（冷笑話） P. 2

- 你覺得老師的心情會如何？
  - □覺得浩浩的冷笑話很幽默
  - □覺得浩浩很有創意
  - □能體諒浩浩的不懂事
  - □不高興浩浩說冷笑話要加分

7. 「行為三」中，
- 浩浩繼續說話的內容是什麼？
  - □告訴老師剛剛小東打瞌睡
  - □說安安的貓死掉了
  - □跟老師道歉，繼續上課
  - □斷腸人就是腸子斷掉的人

- 你覺得老師的心情會如何？
  - □開心浩浩知道要及時修正並回答正確答案
  - □煩惱浩浩說斷腸人的事會讓全班覺得很噁心
  - □期待浩浩可以說出更有趣的笑話
  - □覺得很尷尬，剛剛自己發呆沒有回答

8. 「行為一」、「行為二」及「行為三」中，
- 「行為一」浩浩繼續說話，老師生氣；「行為二」浩浩繼續說話，老師不高興；以及「行為三」浩浩繼續說話，老師開心。三種行為有不同反應的原因，你覺得是為什麼呢？________

____

輪流說話作業單 13（童軍課）

P. 1

1. 你覺得自己完全瞭解動畫內容嗎？□○　□×
2. 你有沒有類似的經驗？□有　□沒有
3. 看完動畫你選擇的行為是哪一個呢？
   □行為一　□行為二　□行為三
4. 動畫中，
   - 浩浩有選人說話嗎？□有　□沒有
   - 當浩浩說：「我都不會用，這怎麼用啦？」應該誰回答？
     □小珍　□不一定　□老師　□阿宏
   - 浩浩做了哪些事？
     □用生氣的眼神看人　□說話內容停頓
     □用腳踢桌子　□用手指著阿宏
     □大聲地自言自語
   - 動畫中現在是什麼時間？
     □上課時間　□下課時間　□午睡時間
   - 老師現在說話的內容是什麼？
     □童軍課上平結　□國文課唸注釋
     □體育課上乒乓球
   - 當浩浩說完：「我都不會用，這怎麼用啦？」之後，同學的反應是什麼？
     □專心做自己的事不回答　□委屈難過不回應
     □開心地在聊天　□害怕浩浩的聲音太吵
5. 「行為一」中，
   - 當同學都很安靜時，浩浩可以繼續說話嗎？
     □可以　□不可以　□不一定
   - 當阿宏安靜地打繩結時，浩浩做了什麼事？
     □打了阿宏一下　□輕拍阿宏並問他話
     □不說話自己一直做
   - 阿宏的回答代表什麼意思？
     □生氣浩浩亂拍他　□嘲笑浩浩不會打平結
     □覺得浩浩有禮貌且願意幫忙
     □他覺得浩浩非常厲害
6. 「行為二」中，
   - 當同學安靜地打繩結時，浩浩做了什麼事？
     □一直自顧自的唱歌　□大聲地跟小珍聊天
     □生氣地對阿宏大聲說話
     □生氣地自己一直對自己說話

輪流說話作業單 13（童軍課）

P. 2

- 你覺得老師的回答代表什麼意思？
  - □覺得浩浩非常有禮貌
  - □覺得浩浩很有主見
  - □能體諒浩浩的不懂事
  - □不高興浩浩很吵

7. 「行為三」中，
   - 當阿宏安靜地打繩結時，浩浩做了什麼事？
     - □告訴老師說阿宏的平結錯了
     - □跟小珍求救
     - □打斷阿宏，請他幫忙
     - □開心地自己一個人打繩結

- 你覺得阿宏的心情如何？
  - □開心浩浩可以學會正確的打繩結技巧
  - □煩惱浩浩會對自己生氣
  - □覺得浩浩很煩，要浩浩去問別人
  - □覺得很尷尬，剛剛自己發呆沒有回答

8. 「行為一」、「行為二」及「行為三」中，
   - 「行為一」浩浩繼續說話，阿宏沒有生氣；「行為二」浩浩繼續說話，老師不高興；以及「行為三」浩浩繼續說話，阿宏覺得很煩。三種行為有不同反應的原因，你覺得是為什麼呢？＿＿＿＿＿＿＿＿＿＿＿＿＿＿＿＿

什麼叫
維持說話？

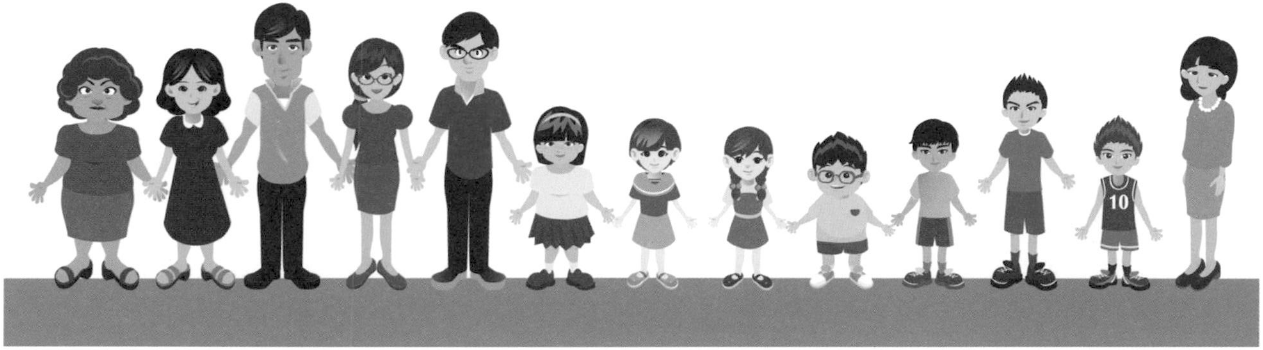
鄰居阿姨
浩浩媽媽
浩浩爸爸
林老師
張老師
小珍
小美
安安
阿宏
浩浩
浩浩哥哥
小東
小東媽媽

「維持說話」讀者使用說明

Step 1 先看維持說話的三種情境、常見策略介紹及動畫圖說內容，想想平時自己在三種情境時，是如何判斷對方維持說話的意圖及曾經運用過哪些維持說話的策略。

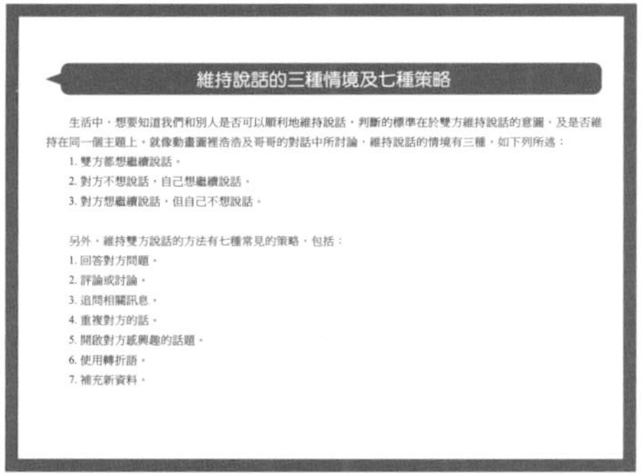

維持說話的三種情境及七種策略

生活中，想要知道我們和別人是否可以順利地維持說話，判斷的標準在於雙方維持說話的意圖，及是否維持在同一個主題上，就像動畫圖裡浩浩及哥哥的對話中所討論，維持說話的情境有三種，如下列所述：

1. 雙方都想繼續說話。
2. 對方不想說話，自己想繼續說話。
3. 對方想繼續說話，但自己不想說話。

另外，維持雙方說話的方法有七種常見的策略，包括：

1. 回答對方問題。
2. 評論或討論。
3. 追問相關訊息。
4. 重複對方的話。
5. 開啟對方感興趣的話題。
6. 使用轉折語。
7. 補充新資料。

Step 2 看動畫人物簡介，瞭解動畫中人物之間的關係。

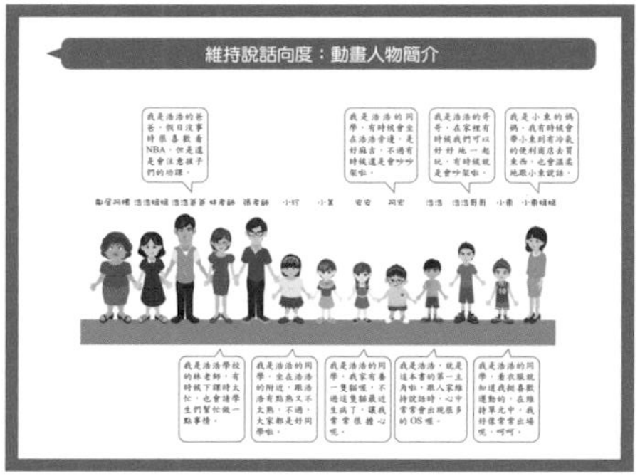

Step 3 看維持說話的課程單元介紹，可以快速瞭解各單元的難度、角色、情境及維持說話的策略，並可快速選取適合或是想要學習的單元。

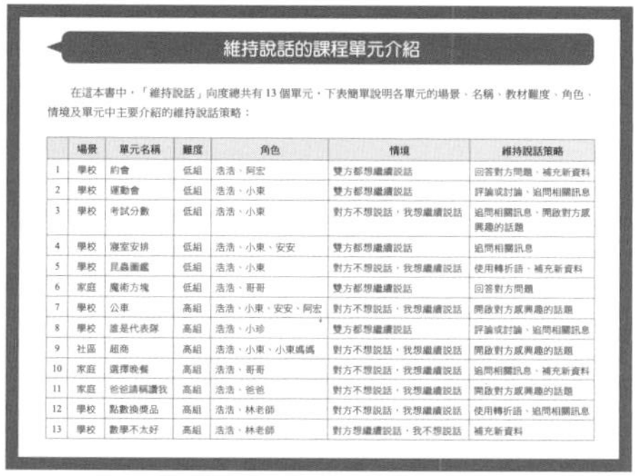

維持說話的課程單元介紹

在這本書中，「維持說話」向度總共有 13 個單元，下表簡單說明各單元的場景、名稱、教材難度、角色、情境及單元中主要介紹的維持說話策略：

	場景	單元名稱	難度	角色	情境	維持說話策略
1	學校	約會	低組	浩浩、阿宏	雙方都想繼續說話	回答對方問題、補充新資料
2	學校	運動會	低組	浩浩、小東	雙方都想繼續說話	評論或討論、追問相關訊息
3	學校	考試分數	低組	浩浩、小東	對方不想說話，我想繼續說話	追問相關訊息、開啟對方感興趣的話題
4	學校	寢室安排	低組	浩浩、小東、安安	雙方都想繼續說話	追問相關訊息
5	學校	昆蟲圖鑑	低組	浩浩、小東	對方不想說話，我想繼續說話	使用轉折語、補充新資料
6	家庭	魔術方塊	低組	浩浩、哥哥	雙方都想繼續說話	回答對方問題
7	學校	公車	高組	浩浩、小東、安安、阿宏	對方不想說話，我想繼續說話	開啟對方感興趣的話題
8	學校	誰是代表隊	高組	浩浩、小珍	雙方都想繼續說話	評論或討論、追問相關訊息
9	社區	超商	高組	浩浩、小東、小東媽媽	對方不想說話，我想繼續說話	開啟對方感興趣的話題
10	家庭	選擇晚餐	高組	浩浩、哥哥	對方不想說話，我想繼續說話	追問相關訊息、補充新資料
11	家庭	爸爸請稱讚我	高組	浩浩、爸爸	對方不想說話，我想繼續說話	開啟對方感興趣的話題
12	學校	點數換獎品	高組	浩浩、林老師	對方不想說話，我想繼續說話	使用轉折語、追問相關訊息
13	學校	數學不太好	高組	浩浩、林老師	對方想繼續說話，我不想說話	補充新資料

Step 4 請配合老師所播放的動畫和 PPT，搭配本小書作業單進行討論與練習。

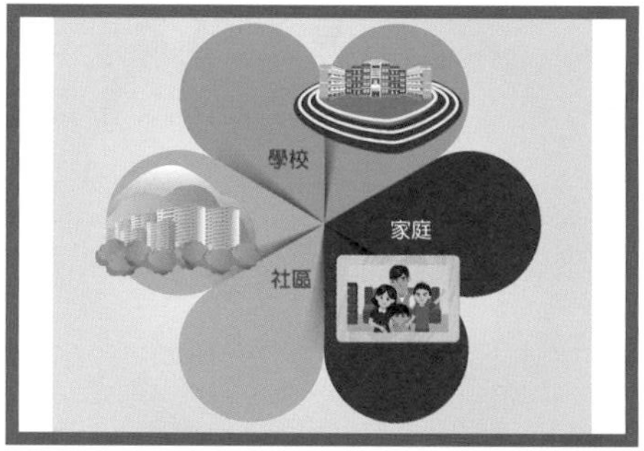

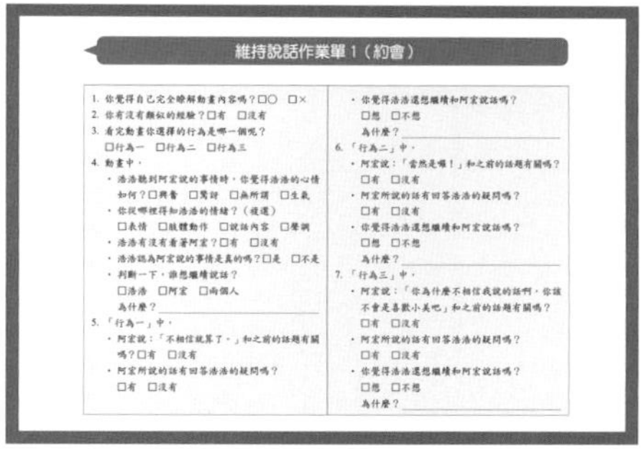

維持說話作業單 1（約會）

1. 你覺得自己完全瞭解動畫內容嗎？□○ □×
2. 你有沒有類似的經驗？□有 □沒有
3. 看完動畫你選擇的行為是哪一個呢？
   □行為一 □行為二 □行為三
4. 動畫中，
   - 浩浩聽到阿宏說的事情時，你覺得浩浩的心情如何？□興奮 □驚訝 □無所謂 □生氣
   - 你從哪裡得知浩浩的情緒？（複選）
     □表情 □肢體動作 □說話內容 □聲調
   - 浩浩有沒有看著阿宏？□有 □沒有
   - 浩浩認為阿宏說的事情是真的嗎？□是 □不是
   - 判斷一下，誰想繼續說話？
     □浩浩 □阿宏 □兩個人
     為什麼？＿＿＿＿
5. 「行為一」中，
   - 阿宏說：「不相信就算了。」和之前的話題有關嗎？□有 □沒有
   - 阿宏所說的話有回答浩浩的疑問嗎？
     □有 □沒有
   - 你覺得浩浩還想繼續和阿宏說話嗎？
     □想 □不想
     為什麼？＿＿＿＿
6. 「行為二」中，
   - 阿宏說：「當然是囉！」和之前的話題有關嗎？
     □有 □沒有
   - 阿宏所說的話有回答浩浩的疑問嗎？
     □有 □沒有
   - 你覺得浩浩還想繼續和阿宏說話嗎？
     □想 □不想
     為什麼？＿＿＿＿
7. 「行為三」中，
   - 阿宏說：「你為什麼不相信我說的話啊，你該不會是喜歡小美吧」和之前的話題有關嗎？
     □有 □沒有
   - 阿宏所說的話有回答浩浩的疑問嗎？
     □有 □沒有
   - 你覺得浩浩還想繼續和阿宏說話嗎？
     □想 □不想
     為什麼？＿＿＿＿

維持說話的三種情境及七種策略

生活中，想要知道我們和別人是否可以順利地維持說話，判斷的標準在於雙方維持說話的意圖，及是否維持在同一個主題上。就像動畫圖裡浩浩及哥哥的對話中所討論，維持說話的情境有三種，如下列所述：

1. 雙方都想繼續說話。
2. 對方不想說話，自己想繼續說話。
3. 對方想繼續說話，但自己不想說話。

另外，維持雙方說話的方法有七種常見的策略，包括：

1. 回答對方問題。
2. 評論或討論。
3. 追問相關訊息。
4. 重複對方的話。
5. 開啟對方感興趣的話題。
6. 使用轉折語。
7. 補充新資料。

①哥哥，你覺得
我們兩個還想繼
續維持說話嗎？
②維持說話？

①是我想？你想？還是我們都想維持說話呢？
②兩個人是否繼續維持說話有三種情境喔！分別是雙方都想繼續說話；對方不想說話，我想繼續說話；以及對方想繼續說話，但我不想說話。

①像你剛才問我魔術方塊的問題或是希望我提供意見，然後我也和你分享討論，就代表我們雙方都想維持說話！
②喔，原來這樣是雙方都想繼續說話的情境。

①另外，像是在「運動會」的單元中，我和小東互相看著對方且聊同一個話題，就代表雙方都想維持說話。
②喔，這些都是雙方都想維持說話的判斷線索囉！

①那什麼是「對方不想說話，而我想繼續說話」呢？
②像上星期，我很想跟爸爸說我得獎的事，結果他的眼神都沒看我，說話聲音也很平淡，就代表他不想維持說話！

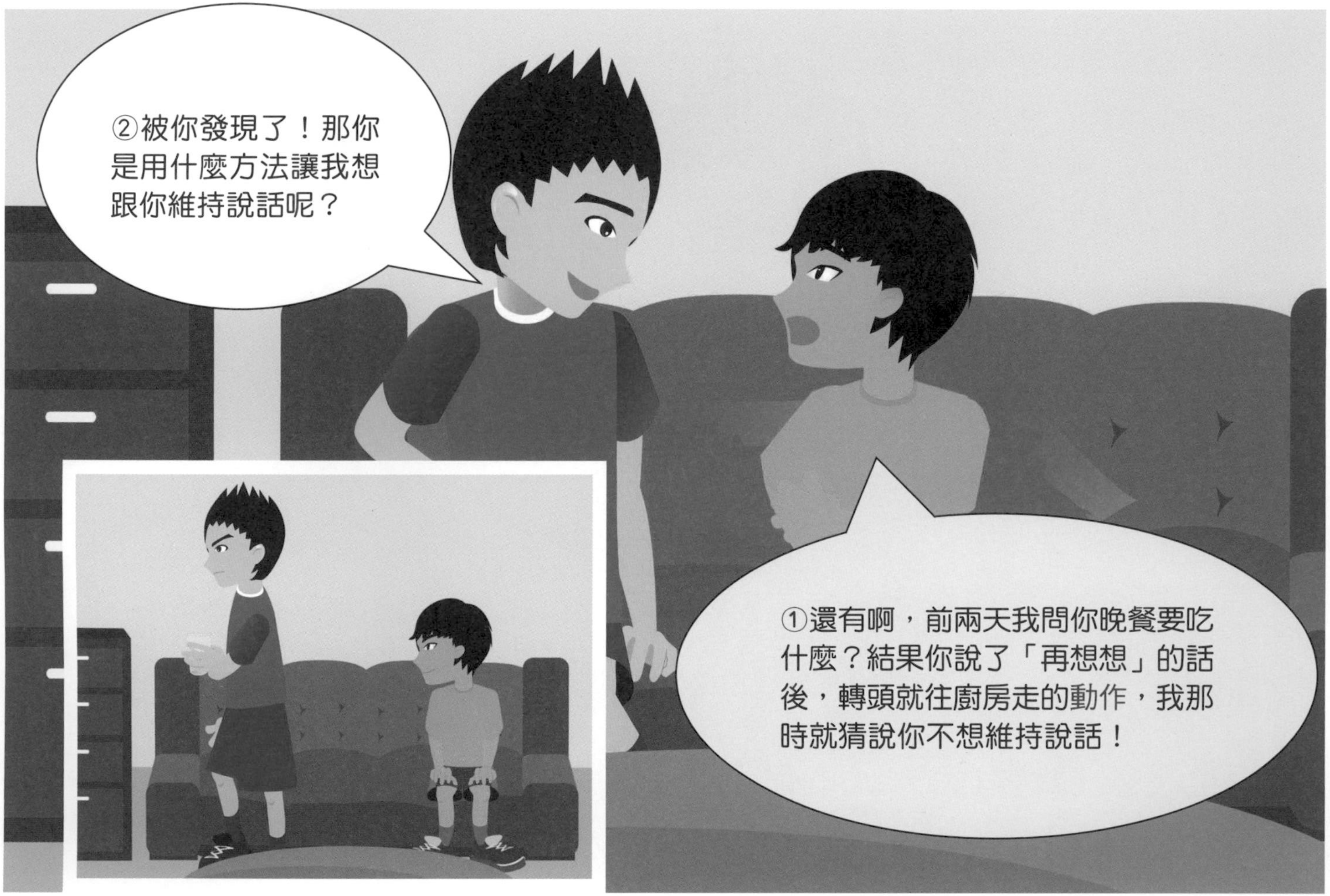
①還有啊，前兩天我問你晚餐要吃什麼？結果你說了「再想想」的話後，轉頭就往廚房走的動作，我那時就猜說你不想維持說話！
②被你發現了！那你是用什麼方法讓我想跟你維持說話呢？

②後來呢？
①你忘了喔？我那時候就從腦袋瓜中選擇一些可以吸引你維持說話的方法。例如：1.回答對方問題；2.評論或討論；3.追問相關訊息；4.重複對方的話；5.開啟對方感興趣的話題；6.使用轉折語；7.補充新資料。

①我後來追問你為什麼不喜歡吃牛肉麵後，又提出可以吃巷口那家店的炒飯，你就很開心地和我討論起來了！
②對耶，你真厲害！

①那如果「對方想繼續說話，但我不想說話」呢？
②這就尷尬了！因為對方可能是關心你、好奇或其他理由，所以繼續維持說話。如果我對這話題不感興趣，這時候我會依我和對方的關係，決定我要不要配合他。

①像昨天林老師一直問我數學為什麼考不好，這時候我就拚命想一些可以慢慢結束說話、轉移話題的方式。
②哇！你真強啊，看樣子我要多跟你請教怎麼樣跟人維持聊天的技巧了！

維持說話向度：動畫人物簡介

維持說話的課程單元介紹

在這本書中，「維持說話」向度總共有 13 個單元，下表簡單說明各單元的場景、名稱、教材難度、角色、情境及單元中主要介紹的維持說話策略：

	場景	單元名稱	難度	角色	情境	維持說話策略
1	學校	約會	低組	浩浩、阿宏	雙方都想繼續說話	回答對方問題、補充新資料
2	學校	運動會	低組	浩浩、小東	雙方都想繼續說話	評論或討論、追問相關訊息
3	學校	考試分數	低組	浩浩、小東	對方不想說話，我想繼續說話	追問相關訊息、開啟對方感興趣的話題
4	學校	寢室安排	低組	浩浩、小東、安安	雙方都想繼續說話	追問相關訊息
5	學校	昆蟲圖鑑	低組	浩浩、小東	對方不想說話，我想繼續說話	使用轉折語、補充新資料
6	家庭	魔術方塊	低組	浩浩、哥哥	雙方都想繼續說話	回答對方問題
7	學校	公車	高組	浩浩、小東、安安、阿宏	對方不想說話，我想繼續說話	開啟對方感興趣的話題
8	學校	誰是代表隊	高組	浩浩、小珍	雙方都想繼續說話	評論或討論、追問相關訊息
9	社區	超商	高組	浩浩、小東、小東媽媽	對方不想說話，我想繼續說話	開啟對方感興趣的話題
10	家庭	選擇晚餐	高組	浩浩、哥哥	對方不想說話，我想繼續說話	追問相關訊息、補充新資料
11	家庭	爸爸請稱讚我	高組	浩浩、爸爸	對方不想說話，我想繼續說話	開啟對方感興趣的話題
12	學校	點數換獎品	高組	浩浩、林老師	對方不想說話，我想繼續說話	使用轉折語、追問相關訊息
13	學校	數學不太好	高組	浩浩、林老師	對方想繼續說話，我不想說話	補充新資料

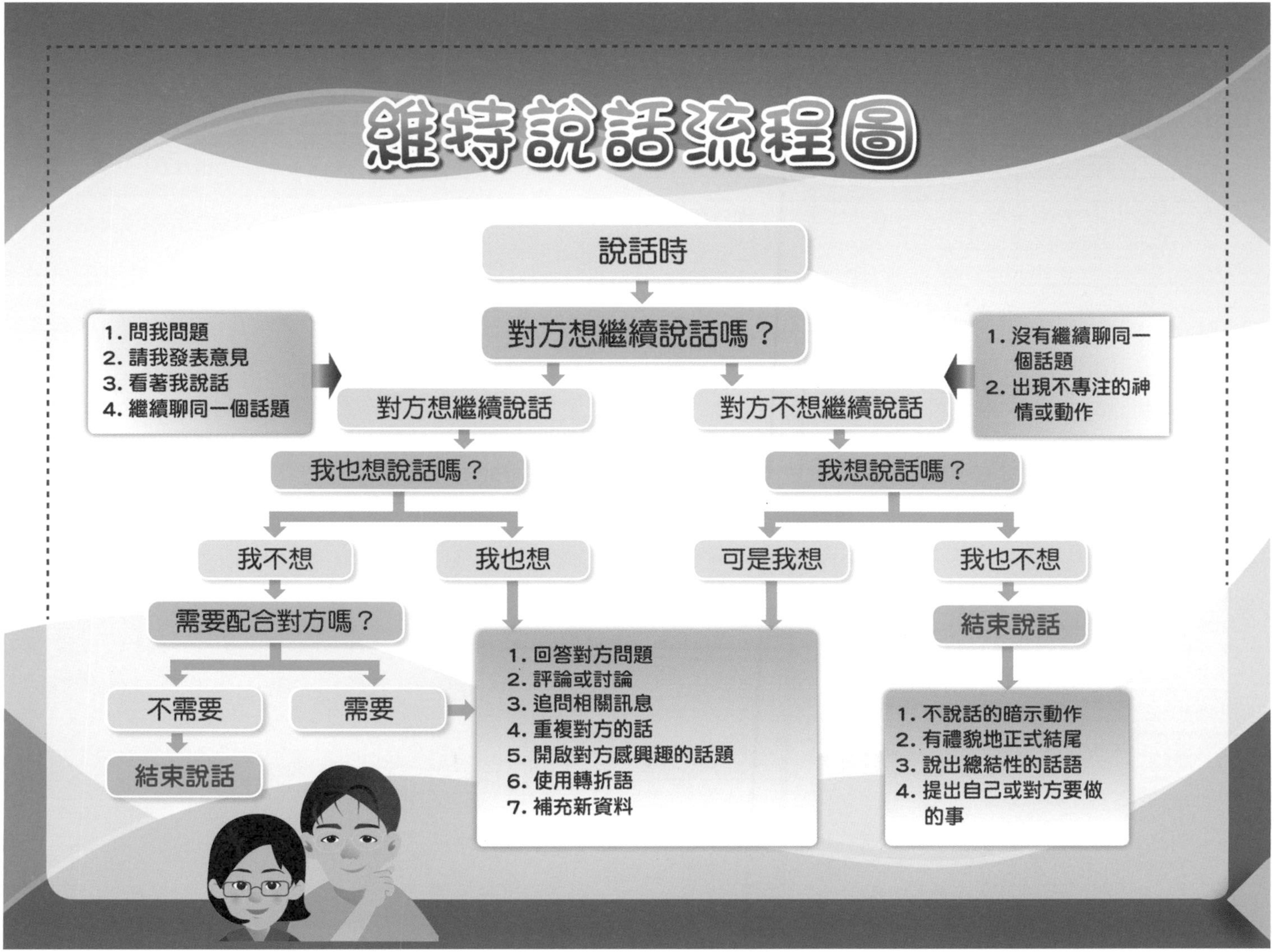
維持說話流程圖
說話時
對方想繼續說話嗎？
1. 問我問題
2. 請我發表意見
3. 看著我說話
4. 繼續聊同一個話題
對方想繼續說話
對方不想繼續說話
1. 沒有繼續聊同一個話題
2. 出現不專注的神情或動作
我也想說話嗎？
我想說話嗎？
我不想
我也想
可是我想
我也不想
需要配合對方嗎？
結束說話
不需要
需要
結束說話
1. 回答對方問題
2. 評論或討論
3. 追問相關訊息
4. 重複對方的話
5. 開啟對方感興趣的話題
6. 使用轉折語
7. 補充新資料
1. 不說話的暗示動作
2. 有禮貌地正式結尾
3. 說出總結性的話語
4. 提出自己或對方要做的事

維持說話作業單 1（約會）

1. 你覺得自己完全瞭解動畫內容嗎？□○　□×
2. 你有沒有類似的經驗？□有　□沒有
3. 看完動畫你選擇的行為是哪一個呢？
   □行為一　□行為二　□行為三
4. 動畫中，
   - 浩浩聽到阿宏說的事情時，你覺得浩浩的心情如何？□興奮　□驚訝　□無所謂　□生氣
   - 你從哪裡得知浩浩的情緒？（複選）
     □表情　□肢體動作　□說話內容　□聲調
   - 浩浩有沒有看著阿宏？□有　□沒有
   - 浩浩認為阿宏說的事情是真的嗎？□是　□不是
   - 判斷一下，誰想繼續說話？
     □浩浩　□阿宏　□兩個人
     為什麼？＿＿＿＿＿＿＿＿
5. 「行為一」中，
   - 阿宏說：「不相信就算了。」和之前的話題有關嗎？□有　□沒有
   - 阿宏所說的話有回答浩浩的疑問嗎？
     □有　□沒有
   - 你覺得浩浩還想繼續和阿宏說話嗎？
     □想　□不想
     為什麼？＿＿＿＿＿＿＿＿
6. 「行為二」中，
   - 阿宏說：「當然是囉！」和之前的話題有關嗎？
     □有　□沒有
   - 阿宏所說的話有回答浩浩的疑問嗎？
     □有　□沒有
   - 你覺得浩浩還想繼續和阿宏說話嗎？
     □想　□不想
     為什麼？＿＿＿＿＿＿＿＿
7. 「行為三」中，
   - 阿宏說：「你為什麼不相信我說的話啊，你該不會是喜歡小美吧？」和之前的話題有關嗎？
     □有　□沒有
   - 阿宏所說的話有回答浩浩的疑問嗎？
     □有　□沒有
   - 你覺得浩浩還想繼續和阿宏說話嗎？
     □想　□不想
     為什麼？＿＿＿＿＿＿＿＿

維持說話作業單 2（運動會）

1. 你覺得自己完全瞭解動畫內容嗎？□○　□×
2. 你有沒有類似的經驗？□有　□沒有
3. 看完動畫你選擇的行為是哪一個呢？
   □行為一　□行為二　□行為三
4. 動畫中，
   - 浩浩知道體育表演會快到了，他的心情如何？
     □高興　□難過　□生氣　□緊張
   - 你從哪裡得知浩浩的情緒？（複選）
     □表情　□肢體動作　□說話內容　□聲調
   - 動畫一開始，小東有沒有幫忙浩浩？
     □有　□沒有
   - 浩浩瞭解小東的示範嗎？□瞭解　□不瞭解
   - 浩浩看完小東的示範後，他的心情如何？
     □難過　□疑惑　□開心　□害怕
   - 判斷一下，誰想繼續說話？
     □小東　□浩浩　□兩個人
     為什麼？＿＿＿＿＿＿＿＿
5. 「行為一」中，
   - 浩浩說：「最近有兩個颱風在臺灣附近……」和之前的話題有關嗎？□有　□沒有
   - 你覺得小東還想繼續和浩浩說話嗎？
     □想　□不想
     為什麼？＿＿＿＿＿＿＿＿
6. 「行為二」中，
   - 浩浩說：「體育表演會的時間是什麼時候……」和之前的話題有關嗎？□有　□沒有
   - 你覺得小東還想繼續和浩浩說話嗎？
     □想　□不想
     為什麼？＿＿＿＿＿＿＿＿
7. 「行為三」中，
   - 浩浩說：「我就是不要。」和之前的話題有關嗎？
     □有　□沒有
   - 你覺得小東還想繼續和浩浩說話嗎？
     □想　□不想
     為什麼？＿＿＿＿＿＿＿＿

維持說話作業單 3（考試分數）

1. 你覺得自己完全瞭解動畫內容嗎？□○　□×
2. 你有沒有類似的經驗？□有　□沒有
3. 看完動畫你選擇的行為是哪一個呢？
   □行為一　□行為二　□行為三
4. 動畫中，
   - 浩浩得知自己考 80 分後，他的心情如何？
     □高興　□難過　□生氣　□害怕
   - 你從哪裡得知浩浩的心情？（複選）
     □表情　□肢體動作　□說話內容　□聲調
   - 浩浩認為自己有考好嗎？□有　□沒有
   - 浩浩聽完小東的安慰後，他的心情如何？
     □開心　□悲傷　□尷尬　□驚訝
   - 判斷一下，誰想繼續說話？
     □浩浩　□小東　□兩個人
     為什麼？________
5. 「行為一」中，
   - 小東說：「我這次有進步，我媽說……」和之前的話題有關嗎？□有　□沒有
   - 小東所說的話有關心浩浩嗎？□有　□沒有
   - 你覺得浩浩還想繼續和小東說話嗎？
     □想　□不想
     為什麼？________
6. 「行為二」中，
   - 小東說：「……，這次的題目不會很難耶！」和之前的話題有關嗎？□有　□沒有
   - 小東所說的話有關心浩浩嗎？□有　□沒有
   - 你覺得浩浩還想繼續和小東說話嗎？
     □想　□不想
     為什麼？________
7. 「行為三」中，
   - 小東說：「是喔，那你媽媽都要你考幾分啊？」和之前的話題有關嗎？□有　□沒有
   - 小東所說的話有關心浩浩嗎？□有　□沒有
   - 你覺得浩浩還想繼續和小東說話嗎？
     □想　□不想
     為什麼？________

維持說話作業單 4（寢室安排） P. 1

1. 你覺得自己完全瞭解動畫內容嗎？☐〇　☐×
2. 你有沒有類似的經驗？☐有　☐沒有
3. 看完動畫你選擇的行為是哪一個呢？

   ☐行為一　☐行為二　☐行為三
4. 動畫中，
   - 浩浩聽到大家在討論畢業旅行的寢室安排，你覺得浩浩的心情如何？

     ☐尷尬　☐害羞　☐驚訝　☐愉快
   - 你從哪裡得知浩浩的心情？

     ☐表情　☐肢體動作　☐說話內容　☐聲調
   - 浩浩知道要畢業旅行了嗎？

     ☐知道　☐不知道
   - 動畫一開始，你覺得浩浩已經決定好要和誰一間寢室了嗎？

     ☐決定了　☐還沒　☐不知道

     為什麼？＿＿＿＿＿＿＿＿
   - 判斷一下，誰想繼續說話？

     ☐小東　☐安安　☐浩浩　☐三個人都想

     為什麼？＿＿＿＿＿＿＿＿
5. 「行為一」中，
   - 浩浩說：「你們說的寢室安排是怎麼一回事啊？」和之前的話題有關嗎？

     ☐有　☐沒有
   - 浩浩的說話態度會讓人感覺不舒服嗎？

     ☐會　☐不會
   - 你覺得大家還想繼續和浩浩說話嗎？

     ☐想　☐不想

     為什麼？＿＿＿＿＿＿＿＿
6. 「行為二」中，
   - 浩浩說：「你們那麼急幹嘛！……」和之前的話題有關嗎？

     ☐有　☐沒有
   - 浩浩的說話態度會讓人感覺不舒服嗎？

     ☐會　☐不會
   - 你覺得大家還想繼續和浩浩說話嗎？

     ☐想　☐不想

     為什麼？＿＿＿＿＿＿＿＿

維持說話作業單 4（寢室安排）

7. 「行為三」中，

- 浩浩說：「都沒人找我一間……」和之前的話題有關嗎？

  □有　□沒有

- 浩浩的說話態度會讓人感覺不舒服嗎？

  □會　□不會

- 你覺得大家還想繼續和浩浩說話嗎？

  □想　□不想

  為什麼？________________

維持說話作業單 5（昆蟲圖鑑）

1. 你覺得自己完全瞭解動畫內容嗎？□○　□×
2. 你有沒有類似的經驗？□有　□沒有
3. 看完動畫你選擇的行為是哪一個呢？
   □行為一　□行為二　□行為三
4. 動畫中，
   - 浩浩介紹昆蟲圖鑑時，他的心情如何？
     □高興　□難過　□生氣　□害怕
   - 你從哪裡得知浩浩的心情？（複選）
     □表情　□肢體動作　□說話內容　□聲調
   - 小東喜歡昆蟲圖鑑嗎？□喜歡　□不喜歡
   - 小東有別的重要事情嗎？□有　□沒有
   - 判斷一下，誰想繼續說話？
     □浩浩　□小東　□兩個人
     為什麼？＿＿＿＿＿＿＿＿
5. 「行為一」中，
   - 浩浩說：「還有防禦型、獵殺型……」和之前的話題有關嗎？□有　□沒有
   - 浩浩所說的話有吸引小東嗎？□有　□沒有
   - 你覺得小東還想繼續和浩浩說話嗎？
     □想　□不想
     為什麼？＿＿＿＿＿＿＿＿
6. 「行為二」中，
   - 浩浩說：「小東，等一下，你知道嗎……」和之前的話題有關嗎？□有　□沒有
   - 浩浩所說的話有吸引小東嗎？□有　□沒有
   - 你覺得小東還想繼續和浩浩說話嗎？
     □想　□不想
     為什麼？＿＿＿＿＿＿＿＿
7. 「行為三」中，
   - 浩浩說：「打籃球不好玩啦，……」和之前的話題有關嗎？□有　□沒有
   - 浩浩所說的話有吸引小東嗎？□有　□沒有
   - 你覺得小東還想繼續和浩浩說話嗎？
     □想　□不想
     為什麼？＿＿＿＿＿＿＿＿

維持說話作業單 6（魔術方塊） P. 1

1. 你覺得自己完全瞭解動畫內容嗎？□○　□×
2. 你有沒有類似的經驗？□有　□沒有
3. 看完動畫你選擇的行為是哪一個呢？
   □行為一　□行為二　□行為三
4. 動畫中，
   - 哥哥不會解魔術方塊時，你覺得哥哥的心情如何？
     □高興　□害怕　□生氣　□無奈
   - 你從哪裡得知哥哥的心情？（複選）
     □表情　□肢體動作　□說話內容　□聲調
   - 浩浩有沒有幫忙哥哥？
     □有　□沒有
   - 哥哥看完浩浩的示範後，他的心情如何？
     □傷心　□生氣　□無奈　□驚訝
   - 哥哥想要浩浩分享他的破關技巧時，浩浩還想繼續跟他說話嗎？
     □想　□不想
   - 你從哪一些訊息判斷浩浩想繼續說話？（複選）
     □表情　□肢體動作　□說話內容　□聲調
5. 「行為一」中，
   - 浩浩說：「哥哥，有個魔術方塊的教學網站很棒……」和之前的話題有關嗎？
     □有　□沒有
   - 浩浩的說話態度會讓哥哥感覺不舒服嗎？
     □會　□不會
   - 你覺得哥哥還想繼續和浩浩說話嗎？
     □想　□不想
     為什麼？＿＿＿＿＿＿＿＿
6. 「行為二」中，
   - 浩浩說：「你就是要先找第一層啊，……」和之前的話題有關嗎？
     □有　□沒有
   - 浩浩的說話態度會讓哥哥感覺困擾嗎？
     □會　□不會
   - 你覺得哥哥還想繼續和浩浩說話嗎？
     □想　□不想
     為什麼？＿＿＿＿＿＿＿＿

維持說話作業單 6（魔術方塊） P. 2

7. 「行為三」中，
   - 浩浩說：「這很簡單啊，你怎麼都不會，……」和之前的話題有關嗎？
     □有　□沒有
   - 浩浩的說話態度會讓哥哥感覺不舒服嗎？
     □會　□不會
   - 你覺得哥哥還想繼續和浩浩說話嗎？
     □想　□不想
     為什麼？＿＿＿＿＿＿＿＿＿＿

維持說話作業單 7（公車）

1. 你覺得自己完全瞭解動畫內容嗎？□○　□×
2. 你有沒有類似的經驗？□有　□沒有
3. 看完動畫你選擇的行為是哪一個呢？
   □行為一　□行為二　□行為三
4. 動畫中，
   - 一開始浩浩拿著公車模型跟阿宏炫耀時，阿宏的表現是什麼？
     □一起討論　□叫浩浩離開　□自己離開
   - 你認為阿宏是什麼情緒？
     □無奈　□開心　□生氣
   - 浩浩又拿著公車模型跟小東炫耀時，小東的表現如何？
     □不想理浩浩　□興高采烈地參與討論
     □大罵浩浩囉唆
   - 你認為小東是什麼情緒？
     □生氣　□冷漠　□緊張
   - 你從哪裡得知阿宏和小東的情緒？（複選）
     □表情　□說話內容　□肢體動作（行為）
     □聲調　□其他
   - 判斷一下，誰想繼續說話？
     □小東　□浩浩　□阿宏
     為什麼？＿＿＿＿＿＿＿＿＿＿
5. 「行為一」中，
   - 浩浩講的公車話題和之前的一樣嗎？
     □一樣　□不一樣
   - 浩浩的話題是別人想聽的嗎？
     □是　□不是
   - 你怎麼知道別人不想聽浩浩講公車？（複選）
     □小東和安安轉身離開
     □小東不理浩浩，直接跟安安講話
     □小東大罵浩浩
   - 同學想跟浩浩繼續聊嗎？
     □想　□不想
6. 「行為二」中，
   - 浩浩說：「你們……在談歌唱比賽喔？」跟之前的公車話題有關嗎？
     □有　□沒有

維持說話作業單 7（公車） P. 2

- 浩浩為什麼要講這個話題？

  □突然想到

  □跟別人講同一個話題

  □生氣亂講

- 同學想跟浩浩繼續聊嗎？

  □想　□不想

7. 「行為三」中，

- 浩浩說的話和之前的公車話題有關嗎？

  □有　□沒有

- 浩浩說：「你們都不想聊公車，公車很有趣耶……」表示他有發現別人對他的公車話題沒有興趣嗎？

  □有　□沒有

- 小東的回應是什麼？（複選）

  □說：「我就是對公車沒興趣啊！」

  □和安安一起離開

  □沒辦法，只好和浩浩討論公車

- 這樣表示同學是願意跟浩浩繼續說話的嗎？

  □是　□不是

  為什麼？＿＿＿＿＿＿＿＿

維持說話作業單 8（誰是代表隊）

1. 你覺得自己完全瞭解動畫內容嗎？□○　□×
2. 你有沒有類似的經驗？□有　□沒有
3. 看完動畫你選擇的行為是哪一個呢？
   □行為一　□行為二　□行為三
4. 動畫中，
   - 小珍在煩惱什麼？
     □班級桌球賽時間　□班級桌球賽選手
     □班級籃球賽選手
   - 浩浩知道後如何幫忙？
     □幫忙想人選　□安慰小珍別煩惱
     □沒有幫忙
   - 問題有解決嗎？
     □有　□沒有
   - 判斷一下，誰想繼續說話？
     □浩浩　□小珍　□兩個人
     為什麼？＿＿＿＿＿＿＿＿
5. 「行為一」中，
   - 浩浩說：「同樣是運動，應該沒問題吧！」這個觀點小珍認同嗎？
     □認同　□不認同
   - 浩浩對小珍不認同他的看法，回應是什麼？
     □生氣辯駁　□感到無所謂
     □理解小珍的看法
   - 浩浩的回應和原本的桌球選手話題有關嗎？
     □有關　□無關
   - 你認為小珍願意繼續和浩浩說話嗎？
     □願意　□不願意
     為什麼？＿＿＿＿＿＿＿＿
6. 「行為二」中，
   - 浩浩說：「反正都是運動，有什麼不一樣？」小珍認同嗎？□認同　□不認同
   - 浩浩回應：「根本就一樣……不聽就算了！」會讓小珍願意跟浩浩繼續說話嗎？□會　□不會
7. 「行為三」中，
   - 浩浩說：「運動都一樣。」「都一樣，選小東啦！」跟之前的話題有關嗎？□有　□沒有
   - 浩浩說話的語氣如何？□理性　□感性　□任性
   - 你覺得小珍會願意跟浩浩繼續說話嗎？
     □會　□不會
     為什麼？＿＿＿＿＿＿＿＿

維持說話作業單 9（超商）

P. 1

1. 你覺得自己完全瞭解動畫內容嗎？□○　□×
2. 你有沒有類似的經驗？□有　□沒有
3. 看完動畫你選擇的行為是哪一個呢？
   □行為一　□行為二　□行為三
4. 動畫中，
   - 浩浩看到小東和小東的媽媽，他怎麼做？
     □打招呼　□假裝沒看見　□熱情擁抱
   - 當浩浩問小東怎麼會到超商，小東的回應是什麼？
     □天氣熱吹冷氣　□到超商買東西
     □路過走進來看看
   - 當小東回應浩浩時，小東的反應如何？
     □興高采烈地回答　□冷漠不理睬
     □淡淡回應
   - 判斷一下，誰想繼續說話？
     □小東　□浩浩　□兩個人
     為什麼？＿＿＿＿＿＿＿＿
5. 「行為一」中，
   - 浩浩問小東：「我也覺得好熱喔！除了超商，還可以去哪裡啊？」跟之前的話題有關嗎？
     □有　□沒有
   - 小東回答「不知道耶！我只想到這裡」的口氣如何？
     □平淡　□熱烈　□擔憂
   - 小東轉身去看玩具，浩浩又問：「對了，圖書館？你覺得圖書館怎麼樣？」跟之前的話題有關嗎？
     □有　□沒有
   - 小東又回答「不知道耶！我只想到這裡」的口氣如何？
     □興奮　□不耐　□生氣
   - 小東想繼續跟浩浩說話嗎？
     □想　□不想
     為什麼？＿＿＿＿＿＿＿＿

維持說話作業單 9（超商） P. 2

6. 「行為二」中，

- 浩浩說：「幹嘛不去百貨公司？」和之前的話題有關嗎？

  □有　□沒有

- 浩浩滔滔不絕談論應該到哪裡去，是小東愛聽的嗎？

  □是　□不是

- 小東想繼續跟浩浩說話嗎？

  □想　□不想

7. 「行為三」中，

- 浩浩跟小東說：「今年好熱！」和之前的話題有關嗎？

  □有　□沒有

- 浩浩問小東：「在看什麼？」和之前的話題有關嗎？

  □有　□沒有

- 你認為浩浩為什麼有這樣的轉變？（複選）

  □天氣熱這件事聊不下去　□關心小東的現況

  □不喜歡熱天

- 小東想和浩浩繼續說話嗎？

  □想　□不想

  為什麼？＿＿＿＿＿＿＿＿＿＿＿＿

維持說話作業單 10（選擇晚餐） P. 1

1. 你覺得自己完全瞭解動畫內容嗎？☐○　☐×
2. 你有沒有類似的經驗？☐有　☐沒有
3. 看完動畫你選擇的行為是哪一個呢？

   ☐行為一　☐行為二　☐行為三

4. 動畫中，
   - 媽媽請浩浩和哥哥討論晚餐要吃什麼，浩浩問哥哥後，哥哥反應如何？

     ☐說「我想想」就沒了　☐熱烈討論

     ☐直接說出想法
   - 浩浩想到可以吃牛肉麵時的情緒為何？

     ☐害怕　☐興奮　☐憤怒
   - 你從哪裡得知浩浩的情緒？（複選）

     ☐表情　☐說話語氣　☐肢體動作（行為）

     ☐聲調
   - 浩浩跟哥哥講自己的想法時，有獲得哥哥的回應嗎？

     ☐有　☐沒有
   - 哥哥做了什麼？

     ☐打開電視來看　☐站在原地不動　☐離開
   - 接著浩浩跟著哥哥走，你認為他想做什麼？

     ☐想說服哥哥　☐無聊想跟著　☐喜歡黏人
   - 判斷一下，誰想繼續說話？

     ☐浩浩　☐哥哥　☐兩個人

     為什麼？＿＿＿＿＿＿＿＿

5. 「行為一」中，
   - 浩浩一直說要吃牛肉麵，跟之前的話題有關嗎？

     ☐有　☐沒有
   - 浩浩用什麼方法讓哥哥跟他討論？

     ☐跟哥哥撒嬌　☐講道理，分析情況

     ☐一直講自己想要的
   - 你認為哥哥還想繼續和浩浩說話嗎？

     ☐想　☐不想

6. 「行為二」中，
   - 浩浩說：「吃牛肉麵好嗎？」「為什麼？」「拉麵好嗎？」跟之前的話題有關嗎？

     ☐有　☐沒有

維持說話作業單 10（選擇晚餐） P. 2

- 浩浩提了幾個建議和問句，哥哥會覺得浩浩怎麼樣？

  □尊重　□很煩　□無奈

- 你認為哥哥還想繼續和浩浩說話嗎？

  □想　□不想

7. 「行為三」中，

- 浩浩說的話和之前的話題有關嗎？

  □有　□沒有

- 浩浩說話的語氣如何？

  □溫和　□凶巴巴　□沒感情

- 浩浩的語氣讓哥哥覺得怎麼樣？（複選）

  □不尊重　□不耐煩　□很生氣

- 你認為哥哥還想繼續和浩浩說話嗎？

  □想　□不想

  為什麼？＿＿＿＿＿＿＿＿＿＿

維持說話作業單 11（爸爸請稱讚我）

P. 1

1. 你覺得自己完全瞭解動畫內容嗎？□○　□×
2. 你有沒有類似的經驗？□有　□沒有
3. 看完動畫你選擇的行為是哪一個呢？
   □行為一　□行為二　□行為三
4. 動畫中，
   - 當浩浩跟爸爸說他得到獎狀和獎金，爸爸的回應如何？
     □冷漠沒有任何回應　□和浩浩大聊獎狀的事
     □有口頭回應但沒有看浩浩
   - 浩浩接著跟爸爸講自己得進步獎時，爸爸的回應又如何呢？
     □冷漠沒有任何回應
     □和浩浩大聊進步獎的事
     □有口頭回應、看浩浩一眼，繼續切水果
   - 爸爸聽到浩浩得獎，感覺如何？
     □開心　□不以為然　□擔心
   - 你從哪裡得知爸爸的情緒？（複選）
     □爸爸的表情　□爸爸說話的語氣
     □爸爸的肢體語言　□浩浩的表情
   - 浩浩的情緒呢？
     □生氣　□失望　□興奮
   - 判斷一下，誰想繼續說話？
     □浩浩　□爸爸　□兩個人都想
     為什麼？＿＿＿＿＿＿＿＿＿＿
5. 「行為一」中，
   - 浩浩說的話和原本的話題有關嗎？
     □有　□沒有
   - 爸爸給浩浩的回應是稱讚他很棒，但沒有看著浩浩，所以表示爸爸想繼續說話嗎？
     □想　□不想
   - 浩浩一直說不出什麼，爸爸會想繼續聊下去嗎？
     □會　□不會
6. 「行為二」中，
   - 浩浩突然很大聲地叫「爸爸！」可能是什麼情緒？
     □生氣　□興奮　□害怕

維持說話作業單 11（爸爸請稱讚我） P. 2

- 浩浩又說：「……你好像沒有很高興……應該要多稱讚我一點啊！」跟原本的話題有關嗎？
  □有　□沒有
- 浩浩提高音量，又要求爸爸「應該」多稱讚他，爸爸會想繼續和他說話嗎？
  □會　□不會
- 爸爸可能怎麼想？（複選）
  □我做錯了嗎？　□我說你很棒了啊！
  □怎麼有人規定我要怎麼說話？
  □這小孩怎麼了？　□其他

7. 「行為三」中，

- 浩浩問爸爸：「你以前在學校會得獎狀嗎？」和原本的話題有關嗎？□有　□沒有
- 你認為爸爸的回答帶有怎樣的情緒？（複選）
  □驕傲　□無情緒　□高興
- 這樣會讓爸爸想繼續跟浩浩說話嗎？
  □會　□不會
- 最後，浩浩稱讚爸爸好厲害，爸爸會有什麼感覺？（複選）
  □驕傲　□沒感覺　□高興
- 你覺得讚美在說話過程中給人的感受，或者讓談話的氣氛如何？＿＿＿＿＿＿＿＿＿＿

＿＿＿＿＿＿＿＿＿＿＿＿＿＿＿＿＿＿

維持說話作業單 12（點數換獎品）

P. 1

1. 你覺得自己完全瞭解動畫內容嗎？□○　□×
2. 你有沒有類似的經驗？□有　□沒有
3. 看完動畫你選擇的行為是哪一個呢？
   □行為一　□行為二　□行為三
4. 動畫中，
   - 當浩浩去交回條時，老師在做什麼？
     ____
   - 老師有空嗎？
     □有　□沒有
   - 你怎麼知道老師有沒有空？（複選）
     □動作：一直打電腦　□眼神：盯著螢幕
     □言語：回應簡短
   - 浩浩說：「老師，我想用點數換餅乾……」「對喔！」然後等老師，表示浩浩想跟老師繼續說話嗎？
     □想　□不想
   - 你判斷老師想繼續說話嗎？
     □想　□不想
     為什麼？______________________
5. 「行為一」中，
   - 浩浩有發現老師不想繼續談話嗎？
     □有　□沒有
   - 浩浩用什麼方法回應？
     □給老師簡單建議　□找全新話題
     □表達不悅
   - 浩浩的回應和之前的話題有關嗎？
     □有　□沒有
   - 這樣的回應會讓老師想繼續跟他說話嗎？
     □會　□不會
6. 「行為二」中，
   - 浩浩用什麼方式繼續跟老師說話？
     □問有沒有文具　□問老師可不可以換吃的
   - 這和之前的話題有關嗎？
     □有　□沒有
   - 浩浩說：「這個也沒有，那個也沒有……」會讓老師覺得如何？（複選）
     □表達不滿　□帶有負面情緒
     □沒有禮貌　□其他

維持說話作業單 12（點數換獎品） P. 2

- 老師會想繼續跟浩浩談下去嗎？

  □會　□不會

7. 「行為三」中，

- 浩浩有發現老師不想說話嗎？

  □有　□沒有

- 你是從哪裡得知的？（複選）

  □站在原地不動　□重複話題　□其他

- 老師對浩浩的感覺可能是……（複選）

  □沒禮貌　□沒在聽指令

  □不知浩浩想做什麼　□其他

- 老師會想繼續跟浩浩談下去嗎？

  □會　□不會

維持說話作業單 13（數學不太好）

1. 你覺得自己完全瞭解動畫內容嗎？□○　□×
2. 你有沒有類似的經驗？□有　□沒有
3. 看完動畫你選擇的行為是哪一個呢？
   □行為一　□行為二　□行為三
4. 動畫中，
   - 一開始浩浩和老師的對話（交回條和科目間落差大）順利嗎？氣氛如何？
     □順利，氣氛愉快　□順利，氣氛很差
     □不順利，氣氛愉快　□不順利，氣氛很差
   - 你從哪裡看出來的？（複選）
     □表情　□肢體動作　□對話　□其他
   - 當浩浩提到自己數學不太好時，老師有沒有想要和浩浩繼續討論這件事？□有　□沒有
   - 你從哪些訊息判斷老師想繼續討論？（複選）
     □表情：沒有表情　□動作：沉思一會兒
     □言語：沒跟浩浩說話
     □言語：口中提到「數學啊……」
5. 「行為一」中，
   - 浩浩有回話嗎？□有　□沒有
   - 浩浩做了什麼？
     □站在原地不動　□離開　□跟別的老師說話
   - 老師會認為浩浩如何？（複選）
     □心虛　□想偷溜
     □不想和老師說話　□其他
6. 「行為二」中，
   - 浩浩回應老師說：「妳幹嘛都講我不好的科目？」跟之前的話題有關嗎？□有　□沒有
   - 浩浩說話時的情緒為何？
     □傷心　□生氣　□驚訝
   - 老師看到浩浩這樣的反應，會覺得浩浩怎麼了？（複選）
     □誤會老師的關心　□惱羞成怒　□老師錯了
7. 「行為三」中，
   - 浩浩的回應跟之前的話題有關嗎？
     □有　□沒有
   - 浩浩說了什麼？＿＿＿＿＿＿＿＿
   - 老師會想跟浩浩繼續說話嗎？□會　□不會
   - 老師的什麼反應讓你覺得她想繼續跟浩浩說話？（複選）
     □鼓勵浩浩　□稱讚浩浩
     □認為浩浩應該多說說英文數學
     □希望浩浩每科都考一百分

什麼叫結束說話？

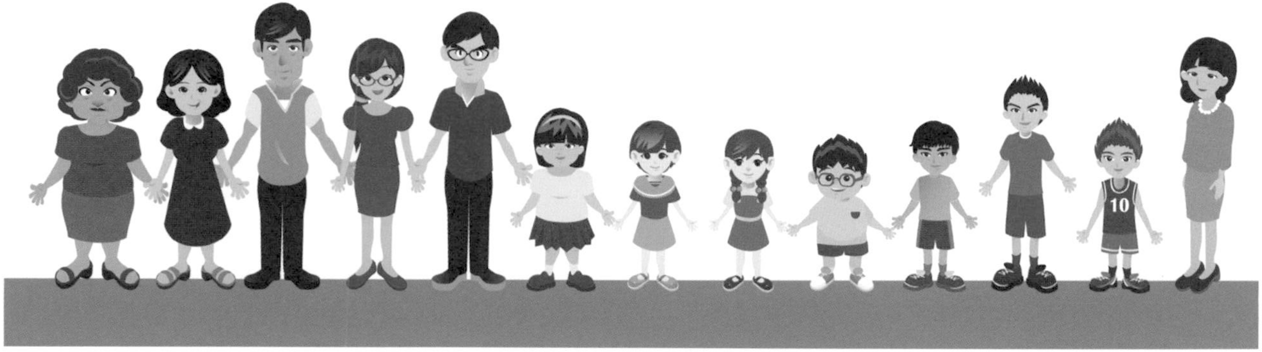
鄰居阿姨
浩浩媽媽
浩浩爸爸
林老師
張老師
小珍
小美
安安
阿宏
浩浩
浩浩哥哥
小東
小東媽媽

「結束說話」讀者使用說明

Step 1 先看結束說話的判斷線索、應用策略介紹及動畫圖說內容，想想平時自己說話時，是否有注意判斷線索、自動地應用相關策略。

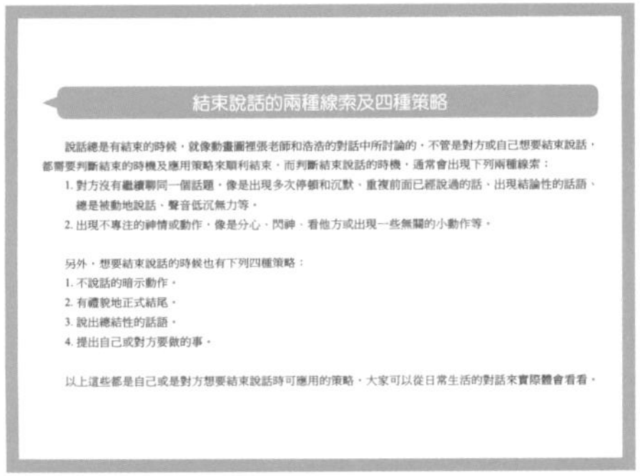
結束說話的兩種線索及四種策略

說話總是有結束的時候，就像動畫圖裡張老師和浩浩的對話中所討論的，不管是對方或自己想要結束說話，都需要判斷結束的時機及應用策略來順利結束。而判斷結束說話的時機，通常會出現下列兩種線索：

1. 對方沒有繼續聊同一個話題，像是出現多次停頓和沉默、重複前面已經說過的話、出現結論性的話語、總是被動地說話、聲音低沉無力等。
2. 出現不專注的神情或動作，像是分心、閃神、看他方或出現一些無關的小動作等。

另外，想要結束說話的時候也有下列四種策略：

1. 不說話的暗示動作。
2. 有禮貌地正式結尾。
3. 說出總結性的話語。
4. 提出自己或對方要做的事。

以上這些都是自己或是對方想要結束說話時可應用的策略，大家可以從日常生活的對話來實際體會看看。

Step 2 看動畫人物簡介，瞭解動畫中人物之間的關係。

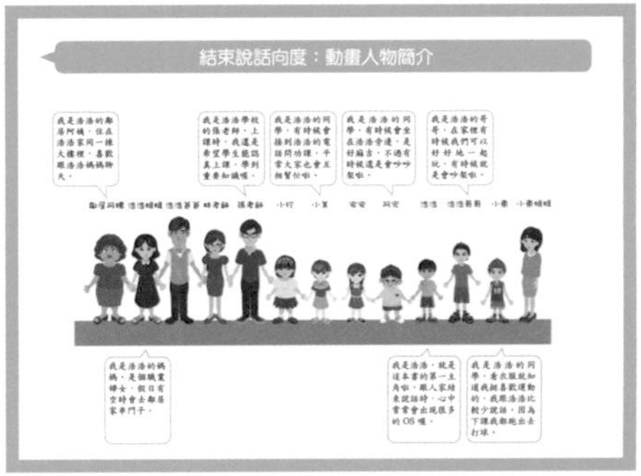

Step 3 看結束說話的課程單元介紹，可以快速瞭解各單元的難度、角色、情境及結束說話的策略，並可快速選取適合或是想要學習難度的單元。

結束說話的課程單元介紹

在這本書中，「結束說話」向度總共有 9 個單元，下表簡單說明各單元的場景、名稱、教材難度、角色、情境及單元中主要介紹的結束說話策略：

	場景	單元名稱	難度	角色	情境	結束說話策略
1	家庭	打電動玩具	低組	浩浩、浩浩哥哥	對方結束	有禮貌地正式結尾，說出總結性的話語
2	學校	老師急著要去開會	低組	浩浩、張老師	對方結束	提出自己或對方要做的事，有禮貌地正式結尾
3	學校	急著去上廁所	低組	浩浩、小東	自己結束	提出自己或對方要做的事，有禮貌地正式結尾
4	學校	上課偏離主題	低組	浩浩、小東、小美、張老師	對方結束	不說話的暗示動作
5	社區	鄰居阿姨下班	高組	浩浩、鄰居阿姨	對方結束	提出自己或對方要做的事，有禮貌地正式結尾
6	社區	週末鄰居家	高組	浩浩、鄰居阿姨、浩浩媽媽	對方結束	提出自己或對方要做的事，有禮貌地正式結尾
7	學校	打電話問回家作業	高組	小美	對方結束	有禮貌地正式結尾
8	學校	不想借同學手錶	高組	浩浩、阿宏	自己結束	說出總結性的話語，提出自己或對方要做的事
9	家庭	媽媽下班好累	高組	浩浩、浩浩媽媽	自己結束	提出自己或對方要做的事，有禮貌地正式結尾

Step 4 請配合老師所播放的動畫和 PPT，搭配本小書作業單進行討論與練習。

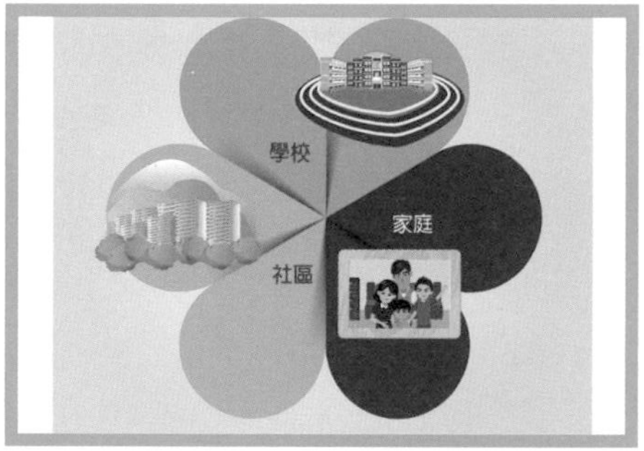

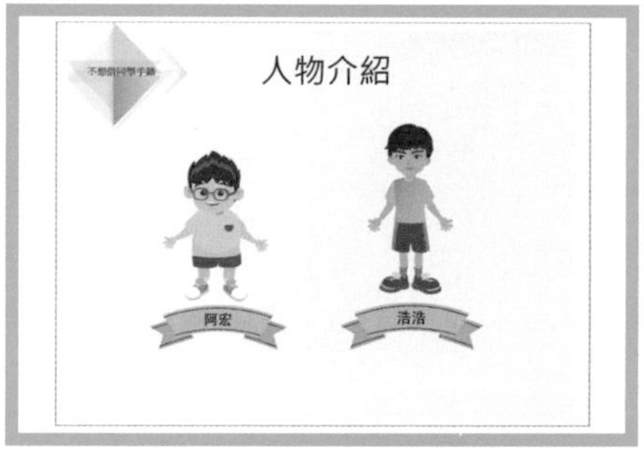

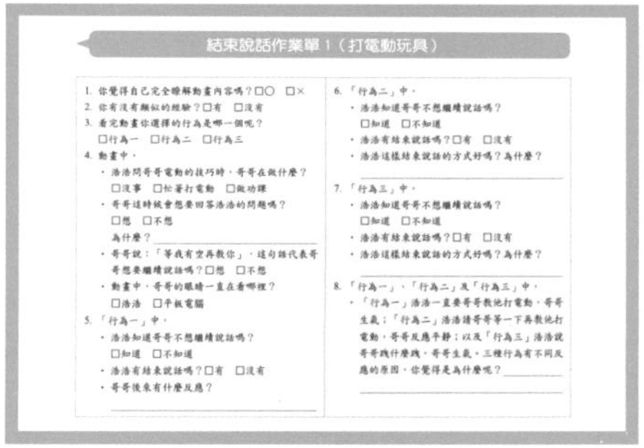
結束說話作業單 1（打電動玩具）

1. 你覺得自己完全瞭解動畫內容嗎？□○ □×
2. 你有沒有類似的經驗？□有 □沒有
3. 看完動畫你選擇的行為是哪一個呢？
   □行為一 □行為二 □行為三
4. 動畫中，
   - 浩浩問哥哥電動的技巧時，哥哥在做什麼？
     □沒事 □忙著打電動 □做功課
   - 哥哥這時候會想要回答浩浩的問題嗎？
     □想 □不想
     為什麼？________
   - 哥哥說：「等我有空再教你」，這句話代表哥哥想要繼續說話嗎？□想 □不想
   - 動畫中，哥哥的眼睛一直在看哪裡？
     □浩浩 □平板電腦
5. 「行為一」中，
   - 浩浩知道哥哥不想繼續說話嗎？
     □知道 □不知道
   - 浩浩有結束說話嗎？□有 □沒有
   - 哥哥後來有什麼反應？
     ____
6. 「行為二」中，
   - 浩浩知道哥哥不想繼續說話嗎？
     □知道 □不知道
   - 浩浩有結束說話嗎？□有 □沒有
   - 浩浩這樣結束說話的方式好嗎？為什麼？
     ____
7. 「行為三」中，
   - 浩浩知道哥哥不想繼續說話嗎？
     □知道 □不知道
   - 浩浩有結束說話嗎？□有 □沒有
   - 浩浩這樣結束說話的方式好嗎？為什麼？
     ____
8. 「行為一」、「行為二」及「行為三」中，
   - 「行為一」浩浩一直要哥哥教他打電動，哥哥生氣；「行為二」浩浩請哥哥等一下再教他打電動，哥哥反應平靜；以及「行為三」浩浩說哥哥跩什麼跩，哥哥生氣，三種行為有不同反應的原因，你覺得是為什麼呢？________

結束說話的兩種線索及四種策略

說話總是有結束的時候，就像動畫圖裡張老師和浩浩的對話中所討論的，不管是對方或自己想要結束說話，都需要判斷結束的時機及應用策略來順利結束，而判斷結束說話的時機，通常會出現下列兩種線索：

1. 對方沒有繼續聊同一個話題，像是出現多次停頓和沉默、重複前面已經說過的話、出現結論性的話語、總是被動地說話、聲音低沉無力等。
2. 出現不專注的神情或動作，像是分心、閃神、看他方或出現一些無關的小動作等。

另外，想要結束說話的時候也有下列四種策略：

1. 不說話的暗示動作。
2. 有禮貌地正式結尾。
3. 說出總結性的話語。
4. 提出自己或對方要做的事。

以上這些都是自己或是對方想要結束說話時可應用的策略，大家可以從日常生活的對話來實際體會看看。

①浩浩，你知道其實我想結束說話了嗎？
②真的？從哪裡看出來的？

①有時候我會故意不跟你聊同一個話題，或是有時候我會無法專注，所以會出現一些不專注的神情或動作，這些都是我想結束說話的線索喔！
②可以再多舉例說明這兩種線索的具體行為嗎？

①像是在「打電動玩具」的單元中，哥哥從頭到尾眼睛都沒有看浩浩，都在專心地看自己的平板電腦，這就是「出現不專注的神情或動作」的線索！
②我懂了，哥哥都只看平板電腦不看我，這就是線索。

①另外，在「上課偏離主題」的單元中，因為老師覺得浩浩的回答偏離討論的主題，所以我不繼續聊你的話題而選擇結束。沒有繼續聊同一個話題也是結束的線索喔！
②老師沒有接我的話題，對吧？

①如果我自己想結束說話，或是對方想要結束說話時要怎麼做？
②有四種策略喔，第一種是不說話的暗示動作，像是在「老師急著要去開會」中，我的眼睛一直在看手錶，這個就是不說話的暗示啊，也就是在告訴你，我想要結束說話了！

①那第二種是什麼？
②第二種是有禮貌地正式結尾，像是在「週末鄰居家」中，媽媽看到鄰居阿姨想要結束說話，所以媽媽就很有禮貌地說「我想我也要快點讓妳忙啦」，這就是一種有禮貌地結束。

①第三種呢？
②第三種是說出總結性的話語，像是在「打電動玩具」的行為二中，你自己說「好啦，那你先玩，那等一下一定要教我喔」，說出這樣的總結性話語，跟哥哥的對話就可以結束了。

①老師可以告訴我最後一種嗎？
②第四種是提出自己或對方要做的事，像是在「不想借同學手錶」中，你跟阿宏說：「不行啦，先上車再說」，這就是提出你們兩個必須要去趕著搭安親班的車子來結束說話喔！

結束說話向度：動畫人物簡介

我是浩浩的鄰居阿姨，住在浩浩家同一棟大樓裡，喜歡跟浩浩媽媽聊天。

我是浩浩學校的張老師，上課時，我還是希望學生能認真上課，學到重要知識喔。

我是浩浩的同學，有時候會接到浩浩的電話問功課，平常大家也會互相幫忙啦。

我是浩浩的同學，有時候會坐在浩浩旁邊，是好麻吉，不過有時候還是會吵吵架啦。

我是浩浩的哥哥，在家裡有時候我們可以好好地一起玩，有時候就是會吵架啦。

鄰居阿姨 浩浩媽媽 浩浩爸爸 林老師 張老師 小珍 小美 安安 阿宏 浩浩 浩浩哥哥 小東 小東媽媽

我是浩浩的媽媽，是個職業婦女，假日有空時會去鄰居家串門子。

我是浩浩，就是這本書的第一主角啦，跟人家結束說話時，心中常常會出現很多的 OS 喔。

我是浩浩的同學，看衣服就知道我挺喜歡運動的，我跟浩浩比較少說話，因為下課我都跑出去打球。

結束說話的課程單元介紹

在這本書中，「結束說話」向度總共有 9 個單元，下表簡單說明各單元的場景、名稱、教材難度、角色、情境及單元中主要介紹的結束說話策略：

	場景	單元名稱	難度	角色	情境	結束說話策略
1	家庭	打電動玩具	低組	浩浩、浩浩哥哥	對方結束	有禮貌地正式結尾、說出總結性的話語
2	學校	老師急著要去開會	低組	浩浩、張老師	對方結束	提出自己或對方要做的事、有禮貌地正式結尾
3	學校	急著去上廁所	低組	浩浩、小東	自己結束	提出自己或對方要做的事、有禮貌地正式結尾
4	學校	上課偏離主題	低組	浩浩、小東、小美、張老師	對方結束	不說話的暗示動作
5	社區	鄰居阿姨下班	高組	浩浩、鄰居阿姨	對方結束	提出自己或對方要做的事、有禮貌地正式結尾
6	社區	週末鄰居家	高組	浩浩、鄰居阿姨、浩浩媽媽	對方結束	提出自己或對方要做的事、有禮貌地正式結尾
7	學校	打電話問回家作業	高組	小美	對方結束	有禮貌地正式結尾
8	學校	不想借同學手錶	高組	浩浩、阿宏	自己結束	說出總結性的話語、提出自己或對方要做的事
9	家庭	媽媽下班好累	高組	浩浩、浩浩媽媽	自己結束	提出自己或對方要做的事、有禮貌地正式結尾

結束說話流程圖

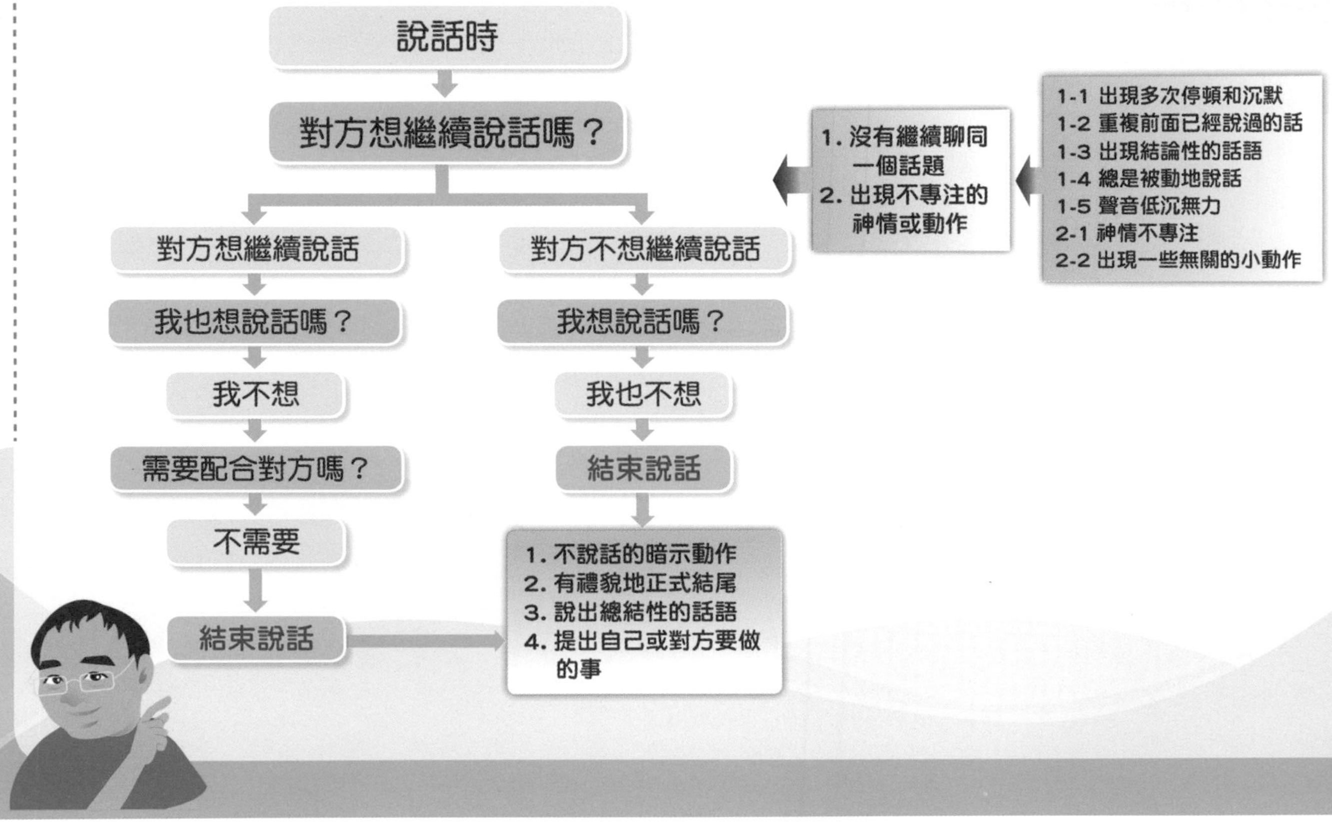
說話時
對方想繼續說話嗎？
對方想繼續說話
我也想說話嗎？
我不想
需要配合對方嗎？
不需要
結束說話
對方不想繼續說話
我想說話嗎？
我也不想
結束說話
1. 不說話的暗示動作
2. 有禮貌地正式結尾
3. 說出總結性的話語
4. 提出自己或對方要做的事
1. 沒有繼續聊同一個話題
2. 出現不專注的神情或動作
1-1 出現多次停頓和沉默
1-2 重複前面已經說過的話
1-3 出現結論性的話語
1-4 總是被動地說話
1-5 聲音低沉無力
2-1 神情不專注
2-2 出現一些無關的小動作

結束說話作業單 1（打電動玩具）

1. 你覺得自己完全瞭解動畫內容嗎？□○　□×
2. 你有沒有類似的經驗？□有　□沒有
3. 看完動畫你選擇的行為是哪一個呢？
   □行為一　□行為二　□行為三
4. 動畫中，
   - 浩浩問哥哥電動的技巧時，哥哥在做什麼？
     □沒事　□忙著打電動　□做功課
   - 哥哥這時候會想要回答浩浩的問題嗎？
     □想　□不想
     為什麼？________________
   - 哥哥說：「等我有空再教你」，這句話代表哥哥想要繼續說話嗎？□想　□不想
   - 動畫中，哥哥的眼睛一直在看哪裡？
     □浩浩　□平板電腦
5. 「行為一」中，
   - 浩浩知道哥哥不想繼續說話嗎？
     □知道　□不知道
   - 浩浩有結束說話嗎？□有　□沒有
   - 哥哥後來有什麼反應？

     ____
6. 「行為二」中，
   - 浩浩知道哥哥不想繼續說話嗎？
     □知道　□不知道
   - 浩浩有結束說話嗎？□有　□沒有
   - 浩浩這樣結束說話的方式好嗎？為什麼？

     ____
7. 「行為三」中，
   - 浩浩知道哥哥不想繼續說話嗎？
     □知道　□不知道
   - 浩浩有結束說話嗎？□有　□沒有
   - 浩浩這樣結束說話的方式好嗎？為什麼？

     ____
8. 「行為一」、「行為二」及「行為三」中，
   - 「行為一」浩浩一直要哥哥教他打電動，哥哥生氣；「行為二」浩浩請哥哥等一下再教他打電動，哥哥反應平靜；以及「行為三」浩浩說哥哥踐什麼踐，哥哥生氣。三種行為有不同反應的原因，你覺得是為什麼呢？________

     ____

結束說話作業單 2（老師急著要去開會） P. 1

1. 你覺得自己完全瞭解動畫內容嗎？□○　□×
2. 你有沒有類似的經驗？□有　□沒有
3. 看完動畫你選擇的行為是哪一個呢？
   □行為一　□行為二　□行為三
4. 動畫中，
   - 老師本來要去做什麼？
     □上課　□開會　□沒事
   - 老師跟浩浩說：「我等一下還有事情。」代表老師想不想要和浩浩繼續說話？
     □想　□不想
   - 後來，老師讓浩浩聊一下下，但是時間過了五分鐘，老師的情緒怎麼樣呢？
     □高興　□難過　□不耐煩
   - 你從哪裡看出老師的情緒？（複選）
     □表情　□說話內容　□肢體動作（行為）
     □眼神　□其他

5. 「行為一」中，
   - 浩浩說：「等一下啦，我還沒有說完。」這時候老師的情緒怎麼樣？
     □生氣　□難過　□平靜
   - 你覺得這樣結束說話的方式適當嗎？
     □適當　□不適當
     為什麼？＿＿＿＿＿＿＿＿
6. 「行為二」中，
   - 浩浩說：「對不起，那我們下次再聊。」這時候老師的情緒怎麼樣？
     □生氣　□平靜　□不耐煩
   - 你覺得這樣結束說話的方式適當嗎？
     □適當　□不適當
     為什麼？＿＿＿＿＿＿＿＿

結束說話作業單 2（老師急著要去開會） P.2

7. 「行為三」中，
   - 浩浩說：「老師，你要去哪裡？我跟你去。」這時候老師的情緒怎麼樣？
     □難過　□平靜　□生氣
   - 你覺得這樣結束說話的方式適當嗎？
     □適當　□不適當
     為什麼？＿＿＿＿＿＿＿＿＿＿

8. 「行為一」、「行為二」及「行為三」中，
   - 「行為一」浩浩繼續說話，老師不耐煩及生氣；「行為二」浩浩結束說話，老師情緒平靜；以及「行為三」浩浩繼續說話，老師生氣。三種行為有不同反應的原因，你覺得是為什麼呢？
     ＿＿＿＿＿＿＿＿＿＿

結束說話作業單 3（急著去上廁所）

1. 你覺得自己完全瞭解動畫內容嗎？□○　□×
2. 你有沒有類似的經驗？□有　□沒有
3. 看完動畫你選擇的行為是哪一個呢？
   □行為一　□行為二　□行為三
4. 動畫中，
   - 當浩浩說：「我好想上廁所。」時，小東知道浩浩想要上廁所嗎？
     □知道　□不一定　□不知道
   - 當小東跟浩浩說老師要他交作業的時候，小東會知道浩浩為什麼一直往前走嗎？
     □知道　□不一定　□不知道
5. 「行為一」中，
   - 浩浩有跟小東說明需要結束說話的原因嗎？
     □有　□沒有
   - 浩浩跟小東說：「我不交作業要你管。我要上廁所啦！」你覺得這句話有哪個地方需要修正調整？＿＿＿＿＿＿＿＿
6. 「行為二」中，
   - 浩浩有跟小東說明需要結束說話的原因嗎？
     □有　□沒有
   - 這時候小東的反應是什麼？
     □可以理解浩浩　□跑去告訴老師
     □對浩浩生氣
   - 為什麼小東會有這樣的反應？
     ＿＿＿＿＿＿＿＿
7. 「行為三」中，
   - 浩浩有跟小東說明需要結束說話的原因嗎？
     □有　□沒有
   - 浩浩結束說話的方式怎麼樣？
     □有禮貌　□很奇怪　□很有趣
     為什麼？
     ＿＿＿＿＿＿＿＿
8. 「行為一」、「行為二」及「行為三」中，
   - 「行為一」浩浩繼續說話，小東生氣；「行為二」浩浩繼續說話，小東可以理解；以及「行為三」浩浩直接跑掉，小東很茫然。三種行為有不同反應的原因，你覺得是為什麼呢？
     ＿＿＿＿＿＿＿＿

結束說話作業單 4（上課偏離主題）

1. 你覺得自己完全瞭解動畫內容嗎？□○　□×
2. 你有沒有類似的經驗？□有　□沒有
3. 看完動畫你選擇的行為是哪一個呢？
   □行為一　□行為二　□行為三
4. 動畫中，
   - 老師和同學正在討論什麼主題？
     □腳踏車　□坐公車　□環保議題
   - 浩浩想要討論的是什麼主題？
     □腳踏車　□坐公車　□環保議題
   - 老師會想要繼續跟浩浩討論下去嗎？
     □想　□不想
5. 「行為一」中，
   - 浩浩知道老師想要結束說話嗎？
     □知道　□不知道
   - 浩浩有結束說話嗎？□有　□沒有
   - 這時候老師的感覺如何？
     □生氣　□欣慰　□不耐煩
     為什麼？＿＿＿＿＿＿＿＿＿＿
6. 「行為二」中，
   - 浩浩知道老師想要結束說話嗎？
     □知道　□不知道
   - 浩浩有結束說話嗎？□有　□沒有
   - 這時候老師的感覺如何？
     □生氣　□欣慰　□不耐煩
     為什麼？＿＿＿＿＿＿＿＿＿＿
7. 「行為三」中，
   - 浩浩知道老師想要結束說話嗎？
     □知道　□不知道
   - 浩浩有結束說話嗎？□有　□沒有
   - 這時候老師的感覺如何？
     □生氣　□高興　□平靜
     為什麼？＿＿＿＿＿＿＿＿＿＿
8. 「行為一」、「行為二」及「行為三」中，
   - 「行為一」浩浩繼續說話，老師不耐煩；「行為二」浩浩繼續說話，老師生氣；以及「行為三」浩浩結束說話，老師反應平靜。三種行為有不同反應的原因，你覺得是為什麼呢？＿＿＿＿
     ＿＿＿＿＿＿＿＿＿＿

結束說話作業單 5（鄰居阿姨下班）

1. 你覺得自己完全瞭解動畫內容嗎？□○　□×
2. 你有沒有類似的經驗？□有　□沒有
3. 看完動畫你選擇的行為是哪一個呢？
   □行為一　□行為二　□行為三
4. 動畫中，
   - 鄰居阿姨提著大包小包的東西，要回去煮飯，她的心情如何？
     □高興　□難過　□著急　□緊張
   - 你為什麼這樣認為？
     ____
   - 你從哪裡得知鄰居阿姨的情緒？（複選）
     □表情　□說話內容　□肢體動作（行為）
     □眼神　□其他
   - 鄰居阿姨會想繼續說話嗎？□想　□不想
   - 浩浩還想繼續說話嗎？□想　□不想
5. 「行為一」中，
   - 浩浩說：「阿姨，妳先開門，我下次再去妳家。」這時候鄰居阿姨的反應如何？
     □高興　□難過　□著急　□緊張
   - 為什麼鄰居阿姨會有這樣的反應呢？
     ____
6. 「行為二」中，
   - 浩浩說：「阿姨，如果妳幫我買珍珠奶茶就更棒了。」這時候鄰居阿姨的反應如何？
     □高興　□難過　□著急　□生氣
   - 為什麼鄰居阿姨會有這樣的反應呢？
     ____
7. 「行為三」中，
   - 浩浩說：「阿姨，妳怎麼都不說話？」這時候鄰居阿姨的反應如何？
     □高興　□難過　□無奈　□生氣
   - 為什麼鄰居阿姨會有這樣的反應呢？
     ____
8. 「行為一」、「行為二」及「行為三」中，
   - 「行為一」浩浩幫忙拿東西，鄰居阿姨高興；「行為二」浩浩繼續說話，鄰居阿姨生氣；以及「行為三」浩浩繼續說話，鄰居阿姨覺得無奈。三種行為有不同反應的原因，你覺得是為什麼呢？________________

結束說話作業單 6（週末鄰居家）

P. 1

1. 你覺得自己完全瞭解動畫內容嗎？□〇　□×
2. 你有沒有類似的經驗？□有　□沒有
3. 看完動畫你選擇的行為是哪一個呢？
   □行為一　□行為二　□行為三
4. 動畫中，
   - 媽媽在跟鄰居阿姨說話時，阿姨的眼睛在看哪裡？□電視　□時鐘　□手錶
   - 這樣的動作代表鄰居阿姨出現什麼樣的訊息？
     □不想說話　□只能說一下　□可以說很久
   - 媽媽說：「哎呀，怎麼到了這個時間啦，我都沒注意，不知道妳來得及準備中餐嗎？」「我想我也要快點讓妳忙啦！」這些話代表什麼意思？
     □該結束說話了　□想要繼續說話
     □想在鄰居阿姨家吃飯
   - 鄰居阿姨說：「趕一趕，應該來得及。」這句話代表什麼意思？
     □不急著去煮飯　□該去煮飯了
     □該去趕公車了

5.「行為一」中，
   - 浩浩知道媽媽和鄰居阿姨已經結束說話了嗎？
     □知道　□不知道
   - 浩浩有結束說話嗎？□有　□沒有
   - 這樣結束說話的方式適當嗎？為什麼？

     ____

6.「行為二」中，
   - 浩浩知道媽媽和鄰居阿姨已經結束說話了嗎？
     □知道　□不知道
   - 浩浩的行為適當嗎？□適當　□不適當
   - 這時候媽媽有什麼反應？

     ____

7.「行為三」中，
   - 浩浩知道媽媽和鄰居阿姨已經結束說話了嗎？
     □知道　□不知道
   - 浩浩有想要結束說話嗎？□有　□沒有
   - 這時候媽媽的反應是什麼？

     ____

結束說話作業單 6（週末鄰居家） P. 2

8. 「行為一」、「行為二」及「行為三」中， • 「行為一」浩浩詢問是否離開，媽媽開心；「行為二」浩浩呆呆地看著媽媽跟鄰居阿姨，媽媽尷尬；以及「行為三」浩浩要求繼續看電視，媽媽尷尬。三種行為有不同反應的原因，你覺得是為什麼呢？＿＿＿＿＿＿＿＿	

結束說話作業單 7（打電話問回家作業）

1. 你覺得自己完全瞭解動畫內容嗎？□○　□×
2. 你有沒有類似的經驗？□有　□沒有
3. 看完動畫你選擇的行為是哪一個呢？
   □行為一　□行為二　□行為三
4. 動畫中，
   - 浩浩問小美回家功課時，小美的情緒如何？
     □生氣　□疲累　□平靜
   - 小美回答完回家功課後，她對浩浩所講的籃球話題反應如何？
     □平淡　□很想知道　□很高興
   - 小美回答完回家功課後，小美主動說話的內容如何？□很簡短　□很多話
   - 這代表小美想不想繼續說話？□想　□不想
5. 「行為一」中，
   - 浩浩知道小美不想繼續說話嗎？
     □知道　□不知道
   - 浩浩有結束說話嗎？□有　□沒有
   - 小美這時候有什麼反應？為什麼？

     ____
6. 「行為二」中，
   - 浩浩知道小美不想繼續說話嗎？
     □知道　□不知道
   - 浩浩有結束說話嗎？□有　□沒有
   - 浩浩結束說話的方式適當嗎？為什麼？

     ____
7. 「行為三」中，
   - 浩浩知道小美不想繼續說話嗎？
     □知道　□不知道
   - 浩浩有結束說話嗎？□有　□沒有
   - 浩浩結束說話的方式適當嗎？為什麼？

     ____
8. 「行為一」、「行為二」及「行為三」中，
   - 「行為一」浩浩繼續說話，小美生氣；「行為二」浩浩突然結束說話，小美訝異；以及「行為三」浩浩結束說話，小美微笑。三種行為有不同反應的原因，你覺得是為什麼呢？______

     ____

結束說話作業單 8（不想借同學手錶）

1. 你覺得自己完全瞭解動畫內容嗎？□○　□×
2. 你有沒有類似的經驗？□有　□沒有
3. 看完動畫你選擇的行為是哪一個呢？
   □行為一　□行為二　□行為三
4. 動畫中，
   - 當浩浩說：「不行啦，安親班的車子在等我們了，快要來不及了。」這代表浩浩想不想繼續說話？□想　□不想
   - 阿宏說浩浩是小氣鬼，浩浩這時候的情緒可能怎麼樣？□緊張　□生氣　□平靜
5. 「行為一」中，
   - 浩浩有想要結束說話嗎？□想　□不想
   - 你覺得浩浩這樣結束說話的方式好嗎？
     □好　□還可以　□不好
     為什麼？＿＿＿＿＿＿＿＿
6. 「行為二」中，
   - 浩浩有想要結束說話嗎？□想　□不想
   - 你覺得浩浩這樣結束說話的方式好嗎？
     □好　□還可以　□不好
     為什麼？
     ＿＿＿＿＿＿＿＿
7. 「行為三」中，
   - 浩浩有想要結束說話嗎？□想　□不想
   - 你覺得浩浩這樣結束說話的方式好嗎？
     □好　□還可以　□不好
     為什麼？＿＿＿＿＿＿＿＿
8. 「行為一」、「行為二」及「行為三」中，
   - 「行為一」浩浩沉默繼續向前走，阿宏皺眉；「行為二」浩浩說總結性的話語，阿宏怕浩浩生氣；以及「行為三」浩浩推倒阿宏，阿宏生氣。三種行為有不同反應的原因，你覺得是為什麼呢？＿＿＿＿＿＿＿＿

結束說話作業單 9（媽媽下班好累）

1. 你覺得自己完全瞭解動畫內容嗎？□○ □×
2. 你有沒有類似的經驗？□有 □沒有
3. 看完動畫你選擇的行為是哪一個呢？
   □行為一 □行為二 □行為三
4. 動畫中，
   - 媽媽身體靠著沙發，眼睛閉上，這代表媽媽狀態如何？□高興 □疲累 □緊張
   - 媽媽回應浩浩的時候，都是重複浩浩最後的一句話，或是很簡短回答，這代表媽媽怎麼樣？□不想說話 □想要繼續說話 □不太清楚
5. 「行為一」中，
   - 浩浩知道媽媽的情緒嗎？□知道 □不知道
   - 浩浩有結束說話嗎？□有 □沒有
   - 媽媽的心情如何？□生氣 □欣慰 □不耐煩
     為什麼？＿＿＿＿＿＿＿＿
6. 「行為二」中，
   - 浩浩知道媽媽的情緒嗎？□知道 □不知道
   - 浩浩有結束說話嗎？□有 □沒有
   - 媽媽的心情如何？□生氣 □欣慰 □不耐煩
     為什麼？＿＿＿＿＿＿＿＿
7. 「行為三」中，
   - 浩浩知道媽媽的情緒嗎？□知道 □不知道
   - 浩浩有結束說話嗎？□有 □沒有
   - 媽媽心情如何？□生氣 □欣慰 □不耐煩
     為什麼？＿＿＿＿＿＿＿＿
8. 「行為一」、「行為二」及「行為三」中，
   - 「行為一」浩浩正式結尾，媽媽開心；「行為二」浩浩繼續說話，媽媽不耐煩；以及「行為三」浩浩繼續說話，媽媽生氣。三種行為有不同反應的原因，你覺得是為什麼呢？＿＿＿＿
     ＿＿＿＿＿＿＿＿＿＿＿＿

國家圖書館出版品預行編目（CIP）資料

數位社會性溝通課程：提升說話技巧的 43 堂課（溝通密技小書）／張正芬, 李秀真, 林迺超, 鄭津妃, 顏瑞隆, 張雯婷, 黃雅君著. -- 初版. -- 新北市：心理出版社股份有限公司, 2023.05
面；　公分.--（溝通魔法系列；65913）
ISBN 978-626-7178-49-2（平裝）

1.CST: 人際溝通　2.CST: 溝通技巧

177.1　　　　112005125

溝通魔法系列 65913

數位社會性溝通課程：提升說話技巧的 43 堂課【溝通密技小書】

著作財產權人：國立臺灣師範大學
作　　者：張正芬、李秀真、林迺超、鄭津妃、顏瑞隆、張雯婷、黃雅君
執行編輯：陳文玲
總 編 輯：林敬堯
發 行 人：洪有義
出 版 者：心理出版社股份有限公司
地　　址：231026 新北市新店區光明街 288 號 7 樓
電　　話：(02) 29150566
傳　　真：(02) 29152928
郵撥帳號：19293172　心理出版社股份有限公司
網　　址：https://www.psy.com.tw
電子信箱：psychoco@ms15.hinet.net
排 版 者：辰皓國際出版製作有限公司
印 刷 者：辰皓國際出版製作有限公司
初版一刷：2023 年 5 月
I S B N：978-626-7178-49-2
定　　價：新台幣 400 元